ダライラマ

●聞き手――マチウ・リカール●今枝由郎＝訳

# 幸福と平和への助言

Transview トランスビュー

Auteur : DALAÏ-LAMA,
Titre : CONSEILS DU CŒUR,

# はしがき

ダライラマの住まいの窓からは、見渡すかぎり広がるインド平原が見下ろせる。北には雪を戴いた峰がいくつかそびえ、チベットまでは直線距離で百キロメートルほどしかないことを思い起こさせる。そう、チベットはこんなにも近くて、こんなにも遠い！

いたるところ恵みの静寂が漂う。不必要な言葉の無意味さを自覚して、ここではあまり話すことがなく、話したとしても小さな声で話す。静寂がとぎれるのは、チベット人が愛情と尊敬の念を込めてクンドュン（御前）と呼ぶダライラマの、思いやりのある笑い声がとどろきわたるときだけである。

実際のところ、ダライラマは一年のうち数カ月はあらゆる人の熱望に応える必要がある。また彼は、中国の独裁により容赦なく締めつけられ、正義よりも新しい市場をむさぼる民主主義により見放されたチベット問題を訴える。この疲れを知らない平和の巡礼者は、目まぐるしい活動のただなかにあり、分単位でしか休息をとることができない。しかし、ほとんど耐えがたいようなスケジュールにもかかわらず、クンドュンは常に静謐《せいひつ》で、自由である。旧友、訪問者、空港ですれちがう人、その誰にでも、即座に全存在で訴える。その特有のまなざしには、善良さ、単純さ、そして多くのユーモアが読みとれる。

彼のメッセージはいつも同じである。彼は、聞く耳を持つ人には、飽きることなく繰り返す。「私たちに敵意を持つ人であっても、すべての人は苦しみを怖がり、幸福を願う。彼は、私たちと同じく、幸福で、苦しまない権利を持つ。だから、敵であれ友だちであれ、他人のことを気づかおう。それが本当の慈悲の基礎である」。

数年前、出版社プレス・ドゥ・ラ・ルネサンスの社長アラン・ノエル氏は、ダライラマに「精神的遺言」の執筆依頼を思い立った。しかし、我々はダライラマに、百歳を越える長寿を心から願っているので、これは思いとどまった。かわりに、性格、社会的地位、職業の如何にかかわらず、誰にでも得るところがある簡単な助言を頼むほうが適切であると思えた。チベットでは伝統的に、高僧のこうした助言は、よく一冊の本にまとめられ「心の助言」と題された。本書の原書名も体裁もここに由来する。

ダライラマは、このための談話には限られた時間しかさけないので、あらかじめテーマを提出して、増やしたり削ったりしてもらうことにした。たとえば囚人とか同性愛者といった、我々が考えつかなかった、しかしダライラマにとっては重要なテーマが加えられた。

ときとして厳粛に、ときとして陽気に、ときに断固として、ときに考え込み、話の合間合間に大声で笑いながら、人間のすべての問題を気にかけ、それを真剣に検討しながら、ダライラマは自由に、おもねることなく語ったようすだった。

ダライラマはその率直なもの言いと、自分自身および仏教に関して何かを証明しようという気がまったくないことで知られている。彼はよくこう言う。「私は一人の僧侶にすぎません」。彼の唯一の目的は、自分の経験を他人と共有し、できるだけ実用的な方法で、彼らが幸福になる手助けをすることである。

ダライラマは、当惑や躊躇を隠すために、まわりくどい言い方をしたり、難解な言葉を用いたりしない。ある問題が彼の考えの中ではっきりと解決がつかなかったり、彼が深く感じる真実に符合しない場合は、巧みな逃げ口上とか常套句ではぐらかしたりせず、当惑をあからさまにし、躊躇せずに「わかりません」と簡潔に言う。すると人は意表をつかれ、ほほえむ。

ダライラマを少しでも知る人にとって、彼の返事、および返事の仕方は、彼の人となりや彼の思想を必然的に反映していることは明らかである。彼は、自分を別ものに見られようとはけっしてしない。

複雑であることが有用とは思わないので、彼の助言は往々にして非常に単純である。「親切でありなさい」とうんざりするほど操り返すのを、ナイーブだと思う人もいるだろうが、この強調は現実的である。一方で、本当に親切であることは難しいことだし、もう一方で、この本質的な徳を自分の中に養育しなければ、世界平和やその他の偉大な思想も、たんなるおしゃべりにすぎなくなる。

ダライラマは、私たちの誰もが持っている——と彼は躊躇なく言う——善良さと愛の可能性を育てるように勧める。私たちの日常的な経験に照らしあわせて、どうしたら「善良な人間」になれるか、どうしたら私たちの存在をもっとも善く活用できるかを教えている。ダライラマはたえず「普遍責任」を強調する。それは、人類の一員として、私たちの一人ひとりが平和の担い手であり、お互いの保護者でありうるという自覚である。「外側の武装解除は、まず内側の心の武装解除から始まる」と彼はよく言う。

彼の話は単純で、そのために本質的なことが見える。深い複雑な思想を表現することができないのだと受け取らないでほしい。教えとか対話の主題が、難しい哲学的、形而上学的、精神的な問題に及ぶとき、ダライラマは大学者でもたち打ちできない、奥深く豊かな見解を示す。

こうして二〇〇〇年三月にダライラマ猊下《げいか》は、ダラムサラの住まいで、私たちに「真心からの助言」をくださった。彼はチベット語で話し、その録音をクリスチャン・ブリュヤと私が訳した。ダライラマはくつろいだ、親密な、楽しい雰囲気の中で、「非宗教的精神性」を育てるのに、誰もが使えることがらを言わんとした。そのために、テーマ上許される範囲で、仏教的な概念を用いないようにした。もし私たちが、彼の言葉の一部でも、私たちの考えや行為に本当に組み入れることができたら、自讃に値するであろう。

二〇〇一年六月十六日　　ネパール、シェチェン寺院にて

マチウ・リカール

# 幸福と平和への助言＊目次

## Ⅲ　さまざまな職業の人に

装幀◉杉浦康平＋佐藤篤司＋坂野公一

# 幸福と平和への助言

## 凡例

・本文中の（　）は原書にある補足説明や言いかえを示す。
・［　］は、原書にはない、訳者による補足・訳註である。

# はじめに―すべての人に―

すべての生き物は本能的に幸福を求め、苦しみを嫌うということを確認するのに、長い時間考える必要はありません。昆虫でも、苦しみをのがれ、心地よくいようとしないものは一匹としていません。人間はそれにくわえて思考能力を持っています。私の最初の助言は、それをうまく使うことです。

喜びと苦しみは、知覚と内面の充足にもとづいています。私たちにとっていちばん大切なのは、内面の充足です。それは人間特有のものです。いくつかの例外を除いて、動物には不可能です。

この充足の特徴は平和です。それは寛大、正直、そして私が道徳的態度と呼ぶもの、つまり他人の幸福の権利を尊重する態度から生まれます。

私たちの苦しみの多くは、私たちが考えすぎることに由来します。同時に、私たちは健全な思考をしません。私たちは、私たちにとって、そして他人にとっての長期的な利点と不都合を考えず、当座の満足にしか興味を示しません。こうした態度の結果は、いつも結局、私たちの身に降りかかってきます。単純に私たちのものの見方を変えるだけで、確実に現在の困難を減らし、新しい困難が生じないようにすることができます。

ある種の苦しみ、たとえば生、病、老、死は避けることができません。私たちにできる唯一のことは、その恐怖を少なくすることです。そして、夫婦喧嘩から破壊的な戦争まで、世界の問題の多くは、ただ単純に健全な態度をとれば回避できます。しかし正しく思考せず、あまりにも近視眼的で、方法的にも浅はかで、広く、くつろいだ目でものを見なければ、当初とるにたらない問題も大問題になってしまいます。言いかえると、私たちは自分の苦しみの多くを自分の手で作っています。最初にこのことを述べておきます。

# I　さまざまな年齢の人に

# 若者に

　私たちチベット人の難民学校であれ、インドや外国の訪問先であれ、私はいつも若者と出会うのが楽しみです。彼らは単刀直入で真剣で、その心は大人よりも開けていて柔軟です。子供を目にして、最初に心から思うことは、その子供が私自身の子供であり、昔からの友だちであり、愛情をもって面倒を見なければいけないということです。

　子供に関していちばん大切なことは、もっとも広い意味で、その教育が万全のものであることです。教育とは知識の修得にとどまらず、人間としての本質的な資質の促進を意味します。この決定的な時期に修得する考え方は、食べ物とか身体の衛生が将来の健康に影響を及ぼすように、その人のその後の一生に深い影響を及ぼします。

　もし若者が勉学に全精力を注ぎ込んで勤《いそ》しまなかったら、あとになってそれを補うのは不可能でしょう。私自身の経験からもそう言えます。私は勉強に身が入らず、努力しないことがありました。このときに何かをのがしてしまったと、いつも自分に言い聞かせます。この経験からして若者には、勉学の時期は一生で決定的な時期だと考えるように勧告しています。

子供のときから、なかよくして、助けあうことを学ばねばなりません。ささいな喧嘩とかもめごとは避けられません。しかし大切なことは、それを水に流し、恨みに思わないことです。

ときとして、子供は死などという深刻なことは考えないと思われがちです。しかし、子供が私に問いかける質問を見ると、彼らは深刻なこと、ことに死後の世界をよく考えています。

子供時代に、知性は開花し、心は質問であふれます。この強い知識欲が、私たちの開花の源です。世界に興味を持てば持つほど、ものごとがなぜ、どうしてそうなのかを探究すればするほど、私たちの意識は明晰になり、率先的になります。

もう一つ重要なことがあります。私たちの近代社会では、ややもすると善良さ、慈《いつく》しみ、和の精神、赦《ゆる》しといった、人間の自然な美点に無関心になる傾向があります。子供は、簡単になかよくなります。一度いっしょに笑えば、もう友だちです。相手の仕事や人種を問うこともありません。大切なのは、相手も私たちと同じく人間であることを知り、おたがいに絆を結ぶということです。

大きくなるにつれて、愛情、友情、助けあいということに、あまり重きを置かなくなります。人種、宗教、国籍といったことが大切になってきます。もっとも大切なことを忘れ、どうでもいいことに重きを置くようになります。

ですから、十五、十六歳になる人に、子供心の清新さをなくさず、いつまでもそれを大切にするようにお願いしています。人間を内面的に特徴づけるものが何であるかを、よく考えなさい。そして、あなた自身の本性に揺るぎない信頼を持てるように、あなた自身に自信が持てるようにしなさい。

人生はけっしてやさしいものではないことを、なるべく早くに自覚することが大切です。人生をよく生きるために、問題が出てきたときにくじけないために、内面的な力を身につけることは必須です。

今日、個人主義に、すなわち社会とか伝統が押しつける価値に捕われず個人で考える権利に、大きな価値が与えられています。いいことです。しかし、一方で人々は、メディア、ことにテレビを介して、外から入ってくる情報だけを吸収しています。それだけが私たちの基準となり、発想の源になります。メディアに依存しすぎると、私たちは自立できなくなり、私たちの本来の資質に立脚できなくなります。そして私たちは、私たちの本当の性質に自信を持てなくなります。

ところが自信と自立は、人生をまっとうするのに必須のことに思えます。私が言うのは愚かなうぬぼれではなく、潜在的可能性の自覚、人はいつでもあやまちを改め、よりよく、より豊かになることができ、何一つとして無駄ではないという確信です。

メディアが好んで取り上げるのは、盗み、犯罪、そして欲望や憎しみが引き起こすことがらです。しかし、世界には高貴なことや、私たちの人間としての美点によることがらが、起こっていないとは言えません。利益のためではなく、病人、孤児、老人、身体障害者の世話をする人がいないでしょうか。他人に対する愛情から行動する人がいないでしょうか。実際にはたくさんいますが、私たちはそれをあたりまえのことだと考えるようになりました。

心の底では本能的に、私たちは殺したり、強姦したり、盗んだり、悪事を働きたいのではなく、誰もが愛したり慈《いつく》しんだりすることができると私は確信しています。自発的な愛情が、生まれてから私たちの人生でいかに重要な役割を果たしているか考えてみましょう。人から愛され、人を愛するとき、それがいかに心地よいか、そして逆に怒りや憎しみが心に満ちると、いかに居心地が悪いか観察してみましょう。愛情の気持ちやそれによる行動は、はっきりと私たちの精神的、肉体的健康によい。それは、私たちの本性に合っています。暴力や残忍な行為、憎しみは私たちを驚かせます。だからそれを伝える必要があり、新聞の一面に載ります。問題は、徐々にそして巧みに、私たちが人間の本性は悪いと考えるようになることです。たぶんある日、私たちは人間にはもう望みがないと言うようになるでしょう。

ですから私は、若者にこう言うことが必須であると思います。あなたの中に自然にそなわっている人間の資質を認識しなさい。それに不滅の信頼を持ちなさい。そして自立しなさい。若者の中には、何もわからないまま人生を始める人がいます。彼らは職業につき、それが気に入らず、職を離れ、また別の職につき、それもまたやめ、何もする気がしないと言って、すべてを棄ててしまいます。

もしあなたがそうだとしたら、困難を伴わない人生はないことを理解しなさい。突然すべてがうまく行き、奇跡的に問題が解消するなどと思わないように。学校を出たのち仕事を探すとき、あなたの性質、知識、能力、興味、そして場合によっては家族、友だち、親類を考慮に入れて選びなさい。ひょっとしたら、あなたの周りですでに他の人が従事している職業を選ぶのが適切でしょう。彼らの助言と経験から学ぶものがあるでしょう。

すべての基準を考慮し、あなたの状況にもっとも適した可能性を検討し、選択しなさい。いったん選んだら、それに固執しなさい。たとえ問題に出くわしても、それを乗り超える決心をしなさい。自信を持って、全力投球しなさい。

次から次に料理を味見するように、あれこれ違った職業についてみるなら、まず成功の可能性はないでしょう。遅かれ早かれ、ある日決断をする必要があり、世の中にはまったく何の不都合もないものはないということを、自分に言い聞かせなさい。

私たちは甘やかされた子供のような行動をすると、私はときどき思います。小さいときは、まったく両親に依存します。それから学校に行き、教えてもらい、食べさせてもらい、服を着せてもらい、というふうに、私たちは自分のことはすべて他人まかせです。ようやく一人立ちするときになって、すべては容易に行くだろうと想像するのです。この態度は現実と相反しています。この世の中では、誰でも例外なく困難に遭遇します。

# 成人に

今言ったことは、大人になり、仕事を始め、家庭生活を築く人たちにもあてはまります。職業は生活の糧を得るためのものですが、同時に私たちがその一員である社会に対する貢献でもあります。そもそも私たちと社会の間には互いに関係があります。社会が繁栄すれば、私たちはその恩恵をこうむりますし、社会の景気が悪ければ、私たちはその被害をこうむります。私たちの共同体は、まわりの共同体に、そして究極的には全人類に影響を及ぼします。もしあなたの住む地域が経済的に繁栄すれば、その繁栄は国全体によい影響を及ぼします。フランスの経済はヨーロッパの経済と連係していますし、ヨーロッパの経済は世界の経済とつながっています。私たちの近代社会は密接に相互依存しています。そして一人ひとりの態度は、全体に影響を及ぼします。このことを自覚することが必要だと思います。

社会の健全な姿は、必然的に我々一人ひとりに影響を及ぼすと言いましたが、個人の幸福を社会の幸福のために犠牲にしなくてはならないと言うつもりはありません。私は両者は分けることができないと言うだけです。今日、私たちは社会の運命と個人のそれとは別のものだと考えます。大切なのは個人で、共同体ではないと考えます。少し視野を広めると、長期的にはこの態度は意味をなさないことがわかります。

さらに、すでに見てきたように、人間の幸福と不幸は、単なる感性の満足ではありません。同様に、そして何よりも、精神的要素が重要です。それを忘れないようにしましょう。そんなことはささいなことだと考えないようにしましょう。家具のそろったいい家に住み、ガレージには豪華な車があり、銀行にはお金があり、社会的地位も高く、人からも認められていても、だからといってあなたが幸福である保証はどこにもありません。億万長者になったら、かならず幸福になるという保証はありますか。それは疑問です。

絵画とか音楽で得られる深い喜びは、もっと粗野な感性の喜びとか物を所有する喜びとはちがって、人間にとって内面的な満足がいかに重要であるかを物語っています。しかし、この満足は大半が聴覚、視覚に依存するもので、一瞬の幸福しかもたらしません。ですから本質的には麻薬で得られる喜びと異なりません。美術館やコンサート会場から出ると、芸術的喜びは消滅し、再度得たいという欲望に変わります。本当の内面的幸福はけっして達成できません。

本質的なのは、内面の充足です。もっとも基本的な必需品は放棄しないように。誰でも最低限の物は持つ権利があります。それは必要ですし、それを確保しなくてはなりません。もしそのために抗議しなければならないなら、抗議しましょう。もしストライキをしなければならないなら、ストライキをしましょう。しかし、極端な態度にはおちいらないようにしましょう。もし、内面的に満足することがなく、たえずより多くを望むなら、幸福にはならないし、いつも何かが欠けているでしょう。

内面的幸福は、物質的状況とか、感性の満足に支配されません。その源は私たちの心にあります。この幸福の大切さを認識することが重要です。

# 老人に

年老いて、何の信仰もない場合でも、重要なことは、本質的な苦しみ、すなわち生、病、老、死は人生の一部だということを認識することです。生まれた以上、老いて死ぬのは避けられないことです。それが定めです。不当だと嘆いても、そうあるべきではないと言ってみても、どうにもなりません。

仏教の考えでは、長寿は私たちの過去世《かこせ》での功徳《くどく》のおかげです。あなたが仏教徒でなくても、若死にする人のことを考えて、長生きできることを喜びなさい。

もしあなたの前半生が充実したものだったら、あなたはこの間に社会に貢献し、真《しん》摯《し》な意図を持って有益なことをしたと思いなさい。

信仰があるのなら、信仰に従って祈るなり瞑想しなさい。もしはっきりした意識があるのなら、生、病、老、死はどの人間にもあることで、避けられないものであることを考えなさい。それを認識し、完全に受け容れることで、あなたは平静に老いることができます。

まもなく六十七歳になる私もそうです。もしときどき、自分の心の底で自分が肉体的に老いたと認めなければ、私は自分の状態を自覚しにくくなります。年をとったら、幻想を抱かずに、老いが何であるかを自覚し、それを最大限に活用するようにしなさい。

あなたが自分の所属する社会に何をもたらすことができるか、自問しなさい。知識の蓄積があれば、あなたは若い人以上に有益なことができるはずです。あなたの歴史を、あなたの家族や親戚に語りなさい。そしてあなたの経験を、彼らと分かちあいなさい。もし孫と一緒にいるのが好きなら、彼らの世話をしながら、彼らにあなたの知識を伝え、彼らの教育に貢献しなさい。

なかんずく、一日じゅう小言を言ったり、喧嘩したりする老人にならないでください。そんなことをして、あなたのエネルギーを無駄にしないでください。あなたは誰にも好かれなくなり、あなたの老後は本当の試練になります。

# Ⅱ　さまざまな状況の人に

# 男女に

男性と女性はもちろん肉体的に違いますし、その結果、情緒的にも違います。しかし考え方、感じ方、そのほか人としての側面は本質的に同じです。男性は、より力仕事に向いていますし、女性は明晰さと機転を要求される仕事に、より有能なようです。省察が大きな役割を果たす分野では、男性と女性はたいてい均等です。両者の間に本質的な違いがないのですから、両者は同等の権利を有し、すべての差別は不当です。さらに、男性は、女性が男性を必要とするのと同じだけ、女性を必要とします。

女性の権利が軽視されたら、女性はそれに抗議しなくてはなりませんし、男性は彼女らの闘争を支持しなくてはなりません。私自身、この二十年来インドで、女性が学業を継続し、社会のすべてのレベルで男性と同じような地位につけるように闘っています。

仏教では、男性も女性もいっさいの区別なく、仏性《ぶっしょう》すなわち悟りを開く可能性を持っています。それゆえ両者は本質において完全に平等です。宗派によってはたえず差別があったことも事実です。しかしそれは社会的、文化的背景によるものです。ナーガールジュナは(1)『貴い花環』〔中観《ちゅうがん》思想の根本的書物〕で、シャーンティデーヴァ(2)は『ボーディチャルヤーヴァターラ』〔菩薩の行ないを説いた書物〕で、「女性の肉体的欠点」に触れています。しかし彼らの意図は、女性の劣等性を示そうとしたのではありません。出家して戒律を受けたものの大半が男性でした。欠点を叙述したのは、こうした出家した男性が女性の肉体に対する欲望に打ち克つのを助けるためにほかなりません。尼僧は男性の肉体に対して、当然同じような分析をしなくてはなりません。

ヴァジュラヤーナ(3)の最高の修行では、男性と女性はいっさい差別されないばかりか、女性は必要な役割を果たし、女性に対する軽蔑は、破戒と見なされます。

(1) 龍樹。二世紀の人。仏教の最大の思想家の一人で、大乗の二大潮流の一つの中観の開祖。
(2) 寂天。八世紀インドの偉大な仏教思想家、詩人。すべての生き物を苦しみから救おうとする菩薩の行ないを説いた『ボーディチャルヤーヴァターラ』は有名である。
(3) ヒーナヤーナ（小乗）、マハーヤーナ（大乗）とならぶ仏教の三つの潮流の一つ。ヴァジ

男女に

ユラヤーナ、すなわち金剛乗は、人間およびものごとの本性を、ダイヤモンド（金剛）のように破壊できず、不変であると叙述するので、そう呼ばれる。その特徴は、早く悟りを開くための、さまざまな方便を用いることにある。

# 家庭生活を営む人に

家庭は社会のもっとも基本的な核です。家庭に平和と人間的な価値観が浸透すれば、両親が幸福に、くつろいで生活できるばかりでなく、子供も、孫も、その先の子孫もそうできるでしょう。両親に信仰があれば、子供も自然に宗教に関心を持つでしょう。もし両親が礼儀正しく話し、道徳的(1)にふるまい、愛しあい、尊敬しあい、困った人を助け、まわりのことを気にかけているなら、彼らの子供も同じように行動し、責任ある態度を取るようになるでしょう。

逆に、もし父親と母親がたえず喧嘩し、ののしりあい、行きあたりばったりの生活をし、他人を尊敬しないなら、彼らは幸せでありえないばかりか、子供も必然的に彼らの影響を受けるでしょう。

仏教徒として、もし仏の教えをよみがえらせ、発展させる場所があるとすれば、それはまさに家庭です、と私はよくチベット人に言います。そこでこそ、両親はその信仰を表現し、子供を教育し、本当の精神的な道案内となるべきです。子供に仏像を見せて、何という仏かと説明するだけでなく、もっとよく説明しなさい。この仏は慈悲を表わし、この仏は最高の智慧を表わす、というように。両親が仏の教えを本当に理解すればするほど、彼らは子供にいい影響を及ぼします。これは、他の精神的、宗教的伝統にも言えることです。

一家族がもう一つの家族に影響を及ぼせば、さらにもう一つ、十、百、千、そして全社会がよくなるでしょう。

私たちの近代的社会は、おそらく健全な社会ではありません。ある人たちは、人はもう何も敬わないと言いますが、工業化されていない社会では、一般に人はより責任あるふるまいをしますから、この判断は保留する必要があるでしょう。ヒマラヤのインド地域は接近することが難しく、近代技術の影響をまだ受けていません。ここでは盗みも殺人も少なく、人々は持っている物で満足しています。場所によっては伝統的に、留守のあいだに訪問客が来て、中に入って食事をとれるように、家を空けるときに扉を開けておくところがあります。逆にデリーのような大都市では、犯罪が多く、人は自分の境遇にけっして満足せず、多くの問題を抱えています。

しかし私の考えでは、経済的発展は好ましくなく、昔に逆戻りした方がいいと言うのはまちがっています。伝統的な社会に見られる協調と他人の尊重は、往々にして生き残りの必要性と、他の生活様式に対する一時的な無知による満足に由来します。チベットの遊牧民に、冬の寒さをよりよく防ぎたくないか、テントと中にあるものを真っ黒にしないコンロがほしくないか、病気のときにもっといい治療を受けたくないか、世界の片隅で起こっていることをテレビで見たくないか、と聞いてごらんなさい。私は、彼らの返事が前もってわかります。

経済的、技術的進歩は望ましいものですし、必要です。それは、私たちにはわからない非常に多くの複雑な要素の結果で、それを突如止めることですべての問題が解決すると考えるのは、あさはかです。しかしそれは、どんな形でもたらされてもいいというものでは決してありません。道徳的価値の発達と対であるべきでしょう。この二つを一緒に実現することは、私たち人間の義務でしょう。これが私たちの未来の鍵です。物質的発展と精神的進歩が共存する社会は、本当に幸福な社会です。

どうしたらそれを達成できるか。立派な寺院とか、立派な僧院によって可能だとは思いません。学校だけで可能だとも思いません。もっとも大切な役割を果たすのは、家庭です。もし家庭に本当に平和が浸透し、家庭に知識だけでなく、本当の道徳的価値がそなわっており、正しくそして利他的に生きることを学ぶならば、その家庭のような社会を建設することは可能です。私から見て、家庭には非常な責任があります。

本質的なことは、子供が本当に開花し、基本的な人間の資質を発達させ、高貴なふるまいをし、助けあう精神力を持ち、まわりのことに気をつかい、他人の見本になることです。こうした子供は、大きくなって職業をまっとうすることができ、次の世代を教えることができるでしょう。厚い眼鏡をかけた老教師になっても、若いときのよい習慣を持っているでしょう。私はそう信じています。

家庭がその任務をまっとうできるためには、最初に男性と女性が、相手の肉体的な美しさ、声、その他の外面的な要素にだけ惹かれて一緒になるというのではだめです。まずお互いによく知りあわなくてはだめです。もしお互いが相手にいくつかの資質を見出し、両者がお互いに愛情を抱くなら、この愛には尊敬と思いやりが伴い、このカップルはまず幸せで長続きするでしょう。

逆に、相手の性格も知らず、尊敬することもなく、たんなる欲望、娼婦に対するような性的欲望によって結ばれたなら、彼らは欲望が強い間は愛しあうでしょう。しかし、目新しさによる興奮が冷め、愛情と相互の深い尊敬が伴わない場合、一緒に幸せに生きることは難しくなります。このタイプの愛は盲目です。しばらくすると、往々にしてそれは逆に変貌します。夫婦に子供がいれば、今度はこの子供たちが愛情を奪われることになります。誰かと一緒に生活しようと思うとき、このことを考えることは大切です。

ある日サンフランシスコで、私は若い人の結婚の援助をしているカトリックの神父に会いました。彼はみんなに、まずたくさんの女友だち、男友だちを作って、それから選択をするように言っていました。一回だけの出会いで決めると、まちがう可能性があります。私は、彼の言うことが正しいと思いました。

結婚したら、いつも二人だということを忘れないでください。一人のときでも、ときとして夕方の考えは朝の考えと矛盾しています。言うまでもないことですが、二人だと、考えの違いはいつ現われるかわかりません。もしお互いに自分の考えにしか興味がなく、配偶者の考えを考慮に入れなければ、夫婦は機能しません。他人と一緒に生きる以上、愛情を持って接し、相手の考えにいつも注意を払わねばなりません。何が起きても、二人ともおのおの自分の責任を負わねばなりません。夫婦生活は一人のことがらではありません。

男性は女性を満足させねばなりませんし、女性は男性を満足させねばなりません。もしお互いに相手が望んでいることをしないなら、不和と別離しかありません。子供がいなければ、悲劇ではありません。裁判所に行き、書類に記入し、紙を無駄にするだけです。しかし、もし子供がいれば、子供は一生気分が悪く、つらい思いをするでしょう。多くのカップルが離婚します。ときとして、彼らにはちゃんとした理由があります。しかし私の考えでは、まず一緒に幸せに生活するために、可能なことをすべて試みた方がいいでしょう。もちろん、ある程度の努力と思慮が必要です。もし離婚が避けられなければ、大切なことは、誰も苦しませずに、穏便に事を処理することです。

だからもし誰かと一緒に暮らそうと決めたら、事を真剣に受けとめて、慌てないようにしなさい。一緒に生活しはじめたら、共同生活の責任を考えなさい。家族は真剣なことがらです。家庭を幸福にし、必要なものをまかない、子供を教育し、彼らの未来の幸せを保障するためにすべてのことをしなさい。

量よりも質を優先しなさい。この規則は、人生のすべての状況にあてはまります。僧院には、少数の真剣な僧侶がいることが望ましく、学校で大切なのは、たくさんの生徒がいることではなく、よく教育することです。家庭で大切なのは、子供をたくさん持つことではなく、健全で行儀のいい子供を持つことです。

（1）ダライラマの言う道徳的な行為とは、仏教的観点から、他人を傷つける行ないを慎むことである。

# 独身者に

いろいろな種類の独身者がいます。禁欲戒を誓った宗教者がいますし、夫婦生活を営まない俗人もいます。また自ら選択して独身の人もいますし、自分の意に反して独身である人もいます。幸せな独身者もいれば、独身生活に苦しんでいる人もいます。

夫婦生活は利点もありますが、同じく問題も孕《はら》んでいます。配偶者に、そして子供がいれば子供に多くの時間をさき、彼らと一緒にいる必要がありますし、出費もよけいにかかり、よけいに働き、他の家族ともつきあわねばなりません。

一人で生活する人の暮らしは、一般にもっと単純です。自分だけを養えばいいし、責任も少ないし、何をしようとも自由です。精神的な道を求めたり歩んだりするときも、それを追求するためにどこにでも好きなところに行けます。スーツケース一つあればよく、好きなところに好きなだけいられます。好きなことに、より自由に、より有効的に集中できるという点では、独身は有益な選択です。この先でお話しする宗教生活という点では、これは大いに意味があります。

それはすべて、自ら選択して独身でいる人のことです。女性を何とかして見つけたくても、見つけられなくて一人でいる男性もいます。女性も、生涯の伴侶に出会いたくてたまらなくても、それがかなわない人もいます。彼らの問題は、ときとして彼らは自分のことばかり考えすぎて、相手に対する要求が強すぎることです。少しずつ逆の態度を取り、自分の問題をあまり顧みず、相手に自分を開くようにすれば、おのずと相手も肯定的な態度を取るものです。それ以外に、何を言えるでしょう。女性なら、もっとお化粧をすることでしょうか。男性なら、ボディービルをすることでしょうか。もちろん冗談ですよ。

# 共同生活を営む人に

共同生活は、自分の意思にもとづくものなら、私はとてもいいことだと思います。人間は必然的に相互依存するものですから、それは根拠のあるものです。共同体の中で生きることは、私たちの必要に応えてくれる大家族の中で生きるようなものです。グループに加わるというのは、それにある種の利点を見出すからです。一緒に仕事をしたり、一人ひとりが毎日の義務を果たし、共同の努力の配分を受け取ります。これは実質的な解決方法だと思います。

どんなグループでも、対立意見が出てきます。私はそれを利点だと思います。違った意見に出くわせば出くわすほど、他人のことがよくわかりますし、自分を改良できます。考え方の違う人と争うと、すべては難しくなります。自分の個人的意見に固執せずに、心を大きく開いて人と対話しましょう。そうすれば異なった意見を比較できて、新しい見方が出てくるでしょう。

どこでも、家庭でも他の社会的集団でも、対話することはとても大切です。子供のときから、口論が生じたらすぐに否定的に考えて、「どうやってこいつを抹殺してやろうか」などと思わないようにしましょう。彼に援助の手をさしのべようとまでは思わなくても、せめて言うことを聞くようにしましょう。これを習慣にしましょう。学校で、家庭で、口論が起こったら、すぐに対話を持ちましょう、そして言葉を交わすことによって考えましょう。

私たちは、意見を異にするということはすぐに、衝突であり、その結果勝者と敗者が生じ、あるいは自尊心が傷つけられて終わると考えがちです。こうした見方はやめましょう。いつも協調の場を探しましょう。大切なことは、すぐに相手の意見に興味を持つことです。これは私たちに必ずできることです。

# 裕福に暮らす人に

私は金持ちに会うとたいていは、仏教によれば富はいいしるしですと言います。それはある種の徳の結果であり、彼らがかつて物惜しみすることがなかった証拠です。しかしそれは幸福と同義ではありません。もしそうなら、人は金持ちであればあるほど、幸福でしょう。

一人の人間としては、金持ちも本質的になんら変わるところはありません。莫大な財産があっても、胃は一つですから、他の人より多くは食べられませんし、よけいに指があるわけではありませんから、多くの指輪もはめられません。もちろん彼らは、もっとも洗練された、もっとも高いワインやお酒を飲むことができ、もっともおいしい料理を食べることができます。残念なことに、そのためによく健康を害します。身体を使う必要のない人の多くは、太ったり病気になったりするのが恐いので、多くのエネルギーを運動に費します。私も、あまり出歩かないので、毎日、室内自転車こぎをしなければなりません。よく考えてみると、そんなことをしなくてはならないくらいなら、金持ちになる価値はないでしょう（笑）。

もちろん、「私は金持ちだ」と自分に言うのは気持ちが昂ぶります。エネルギーが湧き、対社会的によく見られます。しかしそれは、財産を獲得し、それを殖やすのに伴うストレスに、本当に値するものでしょうか。よく家族と社会の一部を敵にまわしますし、人から羨ましがられたり、敵意を抱かれます。たえず不安で、身がまえていなくてはなりません。

私の考えでは、金持ちである唯一の利点は、他人をより助けることができることです。社会的には、より重要な役割を果たし、より影響力があります。もしよい考えがあれば、よいことをたくさんできます。逆に敵意を持つなら、より悪いことができます。

私はよく、私たちはこの地球に対して責任があると言います。もし、たとえば私たちの富で何か有益なことができるのに、何もしないとすると、私たちは無自覚だということです。

私たちは毎日、他人が作ったり耕したりする物や食料を利用しています。私たちが生きていくのに十分なものを持っているなら、今度は世界の他の人を助けるようにしましょう。私たちと同じチャンスに恵まれていない人たちの幸福に貢献しないで、贅沢に生きることほど悲しいことはないでしょう。極度に貧しい人がいます。教育、医療は言うに及ばず、食べ物も住まいもない人たちがいます。もし私たちが金持ちで、自分のことしか考えないとしたら、こうした不幸な人たちはどう思うでしょう。朝から晩まで働いてほとんど何の稼ぎもない人たちは、他の人が何も努力せずに贅沢に暮らしているのを見たら、どう反応するでしょう。私たちは彼らに、嫉妬させたり、苦い思いをさせてはいないでしょうか。彼らを少しずつ、憎しみや暴力に追いやってはいないでしょうか。

もしあなたにたくさんお金があったら、もっともよい使い道は、貧乏な人、苦しんでいる人を助け、さらには地球の住民全体の問題を解決して、彼らをより幸福にすることです。貧乏人を助けるというのは、単純に彼らにお金を恵むということではありません。それは何よりも教育を受けさせ、医療を受けさせ、自立できるようにしてあげることです。ただ自分のためだけに裕福に暮らすのは何にもならないことです。あなたのお金を無駄な贅沢に浪費しながら人生を送るくらいなら、人のために使いなさい。あなたが自分の財産を見せびらかし、遊びに巨額を使うことに喜びを覚えようとも、自分のお金であり、他人を傷つけないかぎりは、何も言うことはないでしょう。しかしあなたは思い違いをしており、人生を無駄にしています。

もしあなたが金持ちなら、あなたも人間であり、この点に関して貧乏人と変わらないということを自覚しなさい。あなたは内面的な幸福の豊かさを必要としており、この幸福はお金で買えるものではありません。

現時点では、持ちすぎる者と何も持たない者との間に、深淵が広がりつつあります。最近二十年間に少なくとも五百人が、新たに億万ドル長者になりました。一九八二年には十二人しかいませんでした。彼らのうち、百人以上がアジア出身です。一般にアジアは貧乏だと見なされますが、同時にヨーロッパやアメリカにも数多くの困窮者がいます。この現象は東洋、西洋の区別を越えたものです。

共産主義のような壮大なイデオロギーは、金持ちの持てる富を共有財産にすることに、完全に失敗しました。今、人類は自ら、共有する必要性を自覚しなければなりません。そのためには当然、根深い考え方の変換、新しい教育が必要です。

長期的には、世界状勢が悪化するのを放置することは、富める者にとって得るところは何もありません。彼らは、すでにいくつかの国でそうであるように、貧しい者の恨みから自分を守らなくてはならず、ますますおびえて暮らすことになるでしょう。

金持ちが豊かすぎ、貧乏人が貧乏すぎる社会は、暴力、犯罪、内乱を生みます。扇動者はもっとも恵まれない人々を、彼らのために闘っていると信じさせて、簡単に蜂起させることができます。あらゆる問題が起こり得ます。

もしあなたが金持ちで、まわりの貧乏な人を助け、あなたのおかげで彼らがより健康で、能力と知識を発展させる機会を得るなら、彼らはそのお返しに、あなたを愛するでしょう。あなたは金持ちでも、彼らの友だちです。彼らは満足し、あなたもそうです。そうは思いませんか。もしあなたが不幸に見舞われたら、彼らはあなたに同情するでしょう。逆にあなたが利己主義に閉じこもり、何も分かちあわなければ、彼らはあなたを憎み、あなたの苦しみを喜ぶでしょう。私たちはすべて、社会的生き物です。まわりが友好的なら、おのずと安心しますし、より幸せになります。

# 困窮者に

物質的に貧しいからといって、高貴な考えを持てないということはありません。高貴な考えのほうが、富よりもずっと大切です。だから、頭脳があり、人間の身体がある以上、たとえ貧乏でも、必須なものはそなわっており、元気をなくしたり、自分の殻に閉じこもったりする必要はありません。インドで、自分たちの権利を認めてもらうために闘っている下級カーストの人たちに、私は言います。私たちは全員人間で、同じ可能性を持っているのだから、貧しいからといって、他のカーストから排斥されているからといって、勇気をなくしてはいけません、と。

辛辣になったり、持てる者に反抗してみても、何にもなりません。もちろん金持ちは貧乏人を尊敬しなければなりませんし、もし彼らが権力を濫用すれば、貧乏人は自己防衛しなくてはなりません。しかし羨望とか嫉妬を駆り立てても、どうにもなりません。もし自分自身が金持ちになりたかったら、いらだちを抑えきれずにいるよりは、できるかぎり自分を教育した方がいいでしょう。大切なことは、自分で自立することです。

私はいつも、私の後を追ってインドに亡命した何万というチベット人のことを思います。彼らはすべてを、母国さえをも失いました。そしてほとんどの人々は、お金も、快適な生活も、十分な医療もありませんでした。酷暑とモンスーンから身を守るのにテントしかなく、非常に困難な状況で、一から生活をたてなおさなければなりませんでした。与えられたジャングルを開墾せねばならず、何百という人が、チベットにはない病気で死にました。しかし、希望を失った者はほとんどなく、驚くべき早さでこの困難を克服し、生きる喜びを取り戻しました。このことからわかるように、正しい態度を取れば、どんなひどい状況の中でも幸せでいられます。逆に、もし内面的に平和でなければ、快適な生活と富が幸福をもたらしてくれるのだと思い違いをします。

もちろん、物質的な貧しさに精神的な貧しさを加えるとしても、それは各人の勝手です。しかし受け容れようとする態度を発展させるほうが望ましいでしょう。それでもやはり、それは貧乏でなくなるために、何の努力をしなくてもいいということではありません。もしあなたが不当な犠牲者なら、権利のために闘い、真実に勝利をもたらしなさい。これは大切なことです。民主主義においては法律は全員に適用される、ということは大きな利点です。しかし、たえず正しく思いやりのある態度をとりなさい。

# 病人に

今日、医学は大きく進歩しています。しかし予防の面でも治療においても、心の持ち方が重要な役割を果たします。それは明らかです。

身体と心は密接に関連しており、相互に影響を及ぼします。ですから、どんなに重病でも、けっして希望をなくさないようにしなさい。必ず治療法があり、治るチャンスがあると自分に言い聞かせなさい。いずれにせよ、思い悩んでも何の役にも立たず、苦しみに苦しみを重ねるだけだということを、覚えておきなさい。私は、インドの聖者シャーンティデーヴァの、非常にためになる言葉をよく引用します。おおよその意味は、治療法があるなら、心配しても何にもならないので、それを素直に適用しなさい、もし治療法がないなら、心配しても何にもなりません、ただ苦痛を深めるだけだ、ということです。

最上の医療は予防です。それは食べ物と日頃の行動に関わっています。酒とたばこの度が過ぎる人が多くいます。その味と力の、一時的でちょっとした喜びのために、彼らは健康を害します。食べすぎて病気になる人もいます。お籠《こも》りをする仏教修行者を知っていますが、彼らは山の庵《いおり》にいる間は健康です。正月とか祭りのときに家族や友だちに会いに行くと、食欲を制御できなくて病気になります（笑）。

ブッダは弟子に、十分食べないと身体を衰えさせて、あやまちを犯すことになると言っています。しかし、あまりにも豪奢な暮らしは、功徳を減らすとも言っています(1)。ブッダが言おうとしたのは、欲望を減らし、あるもので満足し、精神的に前進し、健康であれ、ということです。食べることが過ぎても不足しても、どちらにしても病気になります。日常生活では、すべての極端は避けましょう。

（1）仏教では功徳は、よい行為と、それが私たちの「心の流れ」に書きつける肯定的エネルギーを指す。そしてこのエネルギーが、否定的痕跡に左右されるかどうかによって、ある程度長期的に見て、幸福にとって望ましい心の素質、さらには、健康、富といった物質的条件を産み出す。

# 身体障害者とその介護者に

もしあなたに肉体的障害があれば、私たちは本質において似かよっていると言い聞かせなさい。あなたがある感覚を使えなくても、あなたの心はほかの人と同じように機能します。落胆しないで、自分に自信を持ちなさい。あなたは、あなたの人生で何かをできる人間なのです。

ある日、私は唖者《あしゃ》の学校を訪問しました。一見すると、子供たちは私たちのようにはコミュニケーションがとれないみたいでした。実際には彼らは別の手段を用いて、誰とも対等に勉強できました。今日では、目の見えない人も器機を使って読み書きができます。中には作家もいます。インドのテレビで、手のない人が足で書いているのを見ました。速くはありませんでしたが、字ははっきりしていました。

何が起きようとも、けっして気を落とさないように。たえず「私は成功する」と自分に言い聞かせる人は、目的を達成します。もしあなたが「それは不可能だ。私は五体満足ではなく、私にはできない」と思うなら、あなたは失敗します。チベットの諺《ことわざ》では「勇気なくして不幸からは抜けだせない」と言います。しかし私が言うことは、脳に障害があり、正常に考えることができない人には、あてはまらないでしょう。

子供が障害をかかえて生まれると、父親、母親、そして家族は悲しみ、不安、絶望を感じるでしょう。しかし、別の見方をすれば、人の世話をすることは幸福と満足の源です。仏教の経典には、苦しんでいたり、自衛できない人をより愛さねばならない、と書いてあります。彼らを助ければ助けるほど、自分が役に立つという深く真実な満足が味わえます。一般に、他人を助けるということは、最上の活動です。もしあなたの家族に、あなたの横に、不治の障害を持ち、自衛もできない人がいたら、ユニークな機会に恵まれたと思い、その人の世話を喜んでしなさい。

もしあなたがそれを困った義務だと思えば、あなたはそれをまっとうすることはできず、あなたは愚かにも、なくてもいい困難を作り出します。

# 瀕死の人とその看護者に

死は危機的な瞬間で、それに対して準備することは非常に有益です。それが避けられないことについて考えてみましょう。人生には必然的に始めと終わりがありますから、死は人生の構成要素の一つです。それから逃れようとしても無駄です。

もしこの考えが早くから私たちに根づいていれば、死が訪れるとき、異常な出来事の突然の到来とは映らないでしょう。もっと別な仕方で、それに対処できるでしょう。

私たちの大半が自分の死を考えるのをいやがるのは事実です。私たちは、あたかも、ある日、ひょっとしたら明日、否、一瞬後にすべてを後に残して旅立つことはあり得ないかのように、人生の圧倒的な時間を、財を築き、数多くの計画を立てるのに費します。

仏教によれば、今この瞬間から、よく死ぬための訓練をすることが大切です。生の機能が停止すると、精神の粗野なレベルが消え、肉体的な支えを必要としない繊細な意識が現われ、訓練を積んだ修行者には、悟りに向かって前進する絶好のチャンスが訪れます。とりわけタントラ(1)の中に、死の準備の瞑想が多く説かれているのはこのためです。

もしあなたが信者なら、死の瞬間に信仰を思い出し、祈りなさい。もし神を信じるなら、人生の終着にたどりつくのは悲しいけれど、神には理由がおありのことだろうと言い聞かせなさい。あなたが理解できない何か深遠なものがあります。きっとあなたの助けになるでしょう。

あなたが仏教徒で、輪廻を信じるなら、服がすり切れたら新しいものに替えるように、死は身体という容れ物の交換にすぎません。内面的、外面的原因により、私たちの肉体的支えが生きていられなくなったら、それを棄てて新しいものを取るときが来たのです。こうして見れば、死は存在しなくなることではありません。輪廻を信じようが信じまいが、信者にとって死の瞬間に大切なことは、自分の中に神に対する信仰、あるいは肯定的な心をはっきりと呼び起こし、粗野な意識の思考を止めることです。理想的には、心を曇らせるものを避け、心をできるだけ明晰に保つことです。

しかし、もし瀕死の人が非常に苦しみ、その苦しみを軽減できないなら、完全に意識を持ったままで死なない方が望ましいのです。その場合、鎮痛剤とか麻酔剤を処方するのはよいことです。

宗教を持たず、何らの精神的な道のりも歩まず、宗教的な見方とはかけ離れた考え方をする人たちにとって、死の瞬間にいちばん大切なことは、落ち着いて、くつろいで、死は人生の一部を構成する自然のプロセスだと、はっきり思うことです[2]。

もしあなたが瀕死の人を介護するなら、その人の人柄、病気の性格、信心があるかないか、輪廻を信じるか信じないかに、もっとも合った態度を取り、できるだけ安楽死は避けなさい。もしあなたが動揺すれば、相手は心が乱れ、気分が悪くなります。仏教的に言えば、あなたは彼の中に否定的な傾向を引き起こしかねません。

もし瀕死の人があなたと同じ宗教を持つなら、彼になじみのある修行を思い起こさせ、信心をよみがえらせなさい。死の瞬間、彼の心は少し曇ります。新しい、あるいはあまり慣れていない修行をさせるのは有益です。粗野な意識が消え、繊細な意識の局面が始まったら、彼を助けることができる唯一のものは、彼の精神修行と肯定的な考えだけです。

病人が昏睡状態に陥り、息をするだけで、考えもなく、無意識からその心を取り出すことができないなら、状況を考慮して新たに対処しなさい。もし家族が裕福で、瀕死の人が大切で、一日でも長くその命をつなぎとめるのに何でもする用意があるのなら、そう試みることが大切です。瀕死の人には何の助けにならなくても、その人を愛する人の願いを満足させます。

意識を取り戻す望みがまったくなく、手術の費用がかかりすぎ、家族を困らせ、まわりの人に深刻な問題を起こす場合は、「さようなら」というのが望ましいでしょう。

仏教では、瀕死の人を苦しませないためにあらゆることをしなければなりませんが、自分が種を蒔《ま》いた苦しみからは逃れることができないことをつけ加えます。言いかえれば、彼はその行ない（業《ごう》）によって苦しみ、行ないの結果は避けることができません。もし彼がいっさいの物質的に恵まれた状況にはおらず、誰も彼の世話をすることができない境遇にいたとしたら、苦しみはさらに増すでしょう。しかし今は、他の人が彼の世話をし、彼の要求を満たしてくれるのだから、今の身体で苦しむのが望ましいでしょう。もちろん人工的な延命措置を施すかどうかは、家族および近親者しだいです。

（1）仏教では、タントラはヴァジュラヤーナ（金剛乗）の根本テキストである。
（2）この助言は根拠がないように見える。信心のないものにとって、一般に死後は何もない。

しかし仏教徒として話すダライラマにとっては、非物質的である心が、我々の物質的な身体が死ぬだけで無くなるということは、両者はまったく異質なものなので考えられないことだ。繊細な意識は、死と新しい生との中間状態で継続し、それから死者の過去の行ないと死ぬときの心の状態によって決定される、新しい身体を受け取る。だからダライラマは、数行先で「彼（＝瀕死の人）の中に否定的な傾向を引き起こす危険性」に触れている。

# 仕事が多くて時間のあまりない人に

私は、友だちのいく人かを「お金の奴隷」と呼びます。彼らは一瞬の休息もとらずに、あちこち走り回って疲れ果て、日本、アメリカ、韓国にたえず出張し、休暇を取ろうとしません。

もちろん、彼らの仕事が他人のためになり、国の発展のためになるのなら、嬉しい限りです。高貴な目的を持ち、それを実現するために昼も夜も働く人は、称賛に値します。しかしその場合でも、健康のためにときどきは休息をとるのはいいことです。一時的に過度な努力をするよりは、ゆっくりでも、長いあいだ有益な仕事をしたほうがよいのです。

もしこの熱狂的な活動が、あなたの個人的な野望を満足させることだけが目的で、結局疲れて健康を害するとしたら、虚しく自分を破滅させることになります。

# 囚人および看守に

一般に犯罪を犯した人は監獄に入れられ、社会から隔離されます。そうすると彼らは自分を、社会が望まない悪い要因だと考えます。よくなろうとか、新しい人生を始めようという希望が持てず、他の囚人に荒々しくふるまい、弱者に乱暴をします。こんな状況では、彼らがよくなるチャンスはほとんどありません。

戦争で大将が数千人も殺すと、彼は英雄扱いされます。その行為を格別だと思い、彼を称賛します。しかしまったく途方にくれた人が誰かを殺すと、殺人犯として扱い、投獄し、処刑さえします。中には莫大な額を横領する人もいますが、彼らは追及されません。中には絶望のあまり数枚のお札を盗む人がいますが、彼らは手錠をはめられて投獄されます。

実際、私たちはすべて、潜在的に犯罪者です。監獄に入っている人は、本質的には、私たちよりも悪い人ではありません。彼らは、無知、欲望、怒りなどの、ただ程度が違うだけで、私たちもかかる病気に負けただけです。私たちの義務は、彼らの回復を助けることです。

社会は、あやまちを犯して犯罪者と呼ばれる人を排斥すべきではありません。彼らも、私たちと同じく社会の一員である立派な人間ですし、彼らも変わります。彼らに、人生に新しい方向づけをする希望と意欲を与える必要が絶対にあります。

私はインドで、デリーのティハル刑務所を訪れました。ここではキリアン・ベディという女性刑務官が、人間味豊かに囚人の世話をしていました。彼女は彼らに、一種の精神教育を与え、瞑想を教え、罪悪感から彼らを解放する内面的平和を与えていました。囚人は愛されて、世話をしてもらうと幸せに感じます。しばらくすると、出獄前に、彼らは満足し、自分自身の人間としての価値に自信を持ち、社会で生きていけるようになります。私にとって、これは何をすべきかのよい見本です。

アメリカでは、囚人に話しかけ、彼らの世話をする仏教徒に会いました。私は、非常に有益な仕事をしていると言って、彼らを勇気づけました。

若い犯罪者の状況はことに悲しいものです。まず、まだ始まったばかりなのに、もうだめになってしまった人生、次にアクシデントのほとんどは、経験に乏しく、社会的に難しい状況で、まだどうして自立するかを考える時間もないときに起きます。

若い犯罪者とすべての囚人に、私があたえる一番の助言は、けっして絶望せず、よくなる望みをけっして捨てないようにということです。たえず自分にこう言い聞かせなさい。「あやまちを認めます。改心します。行ないをよくします。人に有用な人間になります」。私たちはみな変わることができます。私たちには同じ頭脳があり、同じ可能性があります。私たちにはもう望みがない、と言うのは、無知と思いつき以外の何ものでもありません。

かわいそうな囚人たちよ！　彼らは突如、否定的な感情におそわれて、あやまちを犯しました。その結果、社会から隔離され、人生の希望をなくしています。

# 同性愛者に

たくさんの人が私に、同性愛者をどう思っているかと尋ねます。宗教を持っている人なら、いちばんいいのは、信仰に従って、すべきこととすべきでないことを決めることでしょう。キリスト教徒の中には、同性愛は重大なあやまちだと言う人もいますし、そうでないと言う人もいます。仏教徒の中には、それを認める人もいますし、同性愛者は実質的に仏教徒ではないと言う人もいます。

仏教の基本的テキストによれば、避けるべき十の害になる行為があり、その一つが性的な不品行です。これは、ことに他人の配偶者を奪うことを意味しますが、また同性愛、口あるいは肛門による性行為、そして自慰行為を指します。かといって、これらの行為をしたからといって、仏教徒でなくなるわけではありません。仏や因果の法が存在しないといった誤った見解を除けば、十の害になる行為のうち、殺人も含めて、それによって仏教徒でなくなるというものはありません。殺人を犯すものは、たしかに非常に有害な行為を行ないます。彼が僧侶で、犯罪を隠そうとすれば、彼は確実に戒律を破ることになり、仏教教団から追放されます。それでも彼は修行を続けることができます。

あなたが宗教を持たず、同性との性行為を行ないたいと思い、それが合意によるものであり、強姦でももてあそびでもなく、あなたが暴力によらない満足を見出すなら、私は何も言うことがありません。大切なことですが、私は同性愛者が社会から排斥されたり、罰せられたり、仕事を失ったりするのは不当だと思います。彼らを犯罪者と同等には扱えません。一般に仏教によれば、同性愛は戒律に対するある種の過失であるけれども、強姦とか殺人、その他の人を苦しめる行為とは違って、それ自体は有害なものではありません。自慰も同様です。ですから同性愛者を排斥し、彼らに対して差別的な態度を取る理由は、いっさいありません。

私たちの考え方、仕方に合わないからといって、性的不品行を禁止する宗教を一律に中傷するのは、公平ではありません。規則を批判する前に、その本当の理由を理解しようと試みるのはいいことです。

# Ⅲ　さまざまな職業の人に

# 政治家に



政治家は、有権者の尊敬と支持を得るためにたくさんの公約をします。「私はこれをします、わたしはあれをします、見ていてください」。しかし、もし彼らが尊敬され、愛されたいなら、私は、彼らが正直で、信念を真摯に表明することのほうが大切だと思います。

もし彼らの言うことが状況により変わるなら、人はそれに気がつきますし、覚えています。「彼は以前ああ言ったが、今はこう言う。どちらが本当なんだろう」。率直さは必須の資質です。ことに現代では、メディアは著名人の言動を待ちかまえていますので、状況がどうであろうと、自分の真摯な信念を固く守り、それを表明することが、これまで以上に大切です。もしいつも率直に話すなら、その考えを好む人は、それを評価し、賛同してくれるでしょう。もし逆に日和見《ひよりみ》主義的に行動し、メディアの前ではありとあらゆる公約をしながら、いったん選出されれば今まで言ったことにいっさい重要性を認めないなら、それは誤った計算です。ただたんに道徳的でないというばかりでなく、純粋に実質的に愚かです。次の選挙のとき、そのしっぺ返しを食うでしょう。一回だけしか選ばれないのに、そんな苦労をするのは何にもなりません。

権力の座についたら、すること、そして考えることに、格別注意を払わねばなりません。大統領、大臣、その他要人は、護衛され、尊敬され、あらゆる配慮を受け、大きな影響力を持ちます。もし自分の本当の使命の意味を見失いたくなかったら、自分の考え、動機をはっきりと自覚しなくてはなりません。自分のまわりに護衛が多ければ多いほど、自分で自分の心を監視しなくてはなりません。

中には、選出される前には非常に純粋な意図を持っている人もいます。しかし当選すると、自信過剰になり、当初の目的を完全に忘れてしまいます。彼らは自らを、善良で、有権者を守り、必要不可欠な役割を果たしていると考えます。その代償に、誰から文句を言われることもなく、ある種のかって気ままも許され、好きなことをしてもいいと思っています。とがめられるべきことをしても、仕事に対する献身を考えれば、大したことではないと自分に言い聞かせます。そして彼らは容易に腐敗します。権力があり、権力があるときは、二重に用心深くしましょう。

今日、人は政治家をあまり信用していません。悲しいことです。人は、政治は「汚い」と言います。しかし、政治それ自体はなんら汚いものではありません。人が政治をそうしているのです。同様に、宗教は本質的に悪い、と言うことはできません。腐敗した宗教者が他人の信仰を悪用して、宗教を歪曲するのです。政治家が道徳的に行動しないと、政治は汚くなります。政治家はなくてはならないもので、その政治家が不道徳になることは、社会全体にとってマイナスです。ことに民主主義では、与党と野党という複数の政党が存在しますから、その中で、尊敬に値する政治家、政党を持つことが必要です。

政治家の弁護をするなら、彼らも必然的に社会の産物であると指摘するのは正しいことです。もしこの社会で、人が道徳のことは気にかけずに、お金と権力のことしか考えないなら、政治家が腐敗しても驚くべきことではなく、こうした状況をすべて彼らの責任にすることもできないでしょう。

# 法曹界の人に

社会の中では、当然ある一定の数の規則に従わなければなりません。あやまちや、有害な行為を犯す者は罰せられ、よい行ないをする人は称賛されます。システムが円滑に機能することは、法律とそれを施行する人のおかげで初めて可能になります。もし正義と財産の守護者であるこの人たちが公明正大でなければ、制度は不当なものになります。国によっては、金持ちと権力者は追及されず、裁判に容易に勝ち、貧乏人は重い罰則を受けるのをよく目にします。ヨーロッパは、この点に関してはよりよい見本を示しています。東洋では、人が有罪か無罪かを決めるのは往々にしてお金です。これは悲しいことです。

昨日誰かが、アメリカでは裁判官は中絶に賛成か反対かで、はっきり態度が分かれていると言いました。しかし、深刻な理由で中絶する場合、たとえば母親が死ぬ危険があり、母親の命か子供の命を選択する必要がある場合と、子供が生まれるとバカンスに行けなくなったり、新しい家具が買えなくなったりという理由で中絶する場合とでは、大きな違いがあります。しかしアメリカの裁判官の見地からは、そうではないのでしょう。この課題は詳細に検討し、厳密な場合を規定し、はっきりと、この場合には中絶は禁止で、この場合には許されると言えることがいいでしょう。

最近アルゼンチンで、一人の裁判官から死刑を正義と思うかと尋ねられました。私の立場は、死刑は数多くの理由から許しがたいというもので、私はいつか世界中で死刑が廃止されるのを真剣に願っています。死刑はことに、死刑囚にあやまちを償う可能性をなくしてしまう、非常に重大な行為です。犯罪者は他の人と同じく人間であり、私たちが状況によっては悪くなるように、彼らも状況によってはよくなる可能性があります。彼らにチャンスを与えましょう。いつまでも有害で、どうしても処分しなければならない存在だとは考えないようにしましょう。

身体が病気のとき、私たちは身体を破壊せず、それを治そうとします。社会の病的要素の場合は、どうして治療しようとせずに、破壊しなければならないのですか。

今度は私のほうから裁判官に質問しました。「二人の人間が、同じ罪を犯して、終身刑を宣告されたと考えてください。一人は独身で、もう一人は、小さな子供が数人います。しかも母親が亡くなっていて、片親です。もしこの人を投獄すれば、子供の面倒を見る人はいなくなります。あなたは、どうしますか」。

裁判官は、法律上は二人は同じ罰を受けねばなりません、社会が子供を教育する責務を負います、と答えました。

犯した罪に限定すれば、二人が同じ刑を受けるのは当然ですが、この刑が実施される状況という点からすると、非常な違いがあると考えざるを得ませんでした。父親を罰することで、何も悪いことをしていない子供を、もっとも残酷なかたちで罰することになります。彼は、法律にはこの問題に対する解答がありませんと答えました。

司法に携わる人が自問し続けることは、ときとして必要なことです。

# 世界の運命に関心がある人に

一握りの知識人、宗教家、多くの科学者が、環境、戦争、飢餓、多くの人の苦しみ、富める国と貧しい国の格差といった、世界の深刻な問題を自覚しました。問題は、彼らは自分の意見を述べるだけで、実地の活動は限られた数の組織に任せているということです。

実際には、私たちは全員関わりがあり、責任があります。民主主義とはそういうことだと、私は思います。一人ひとりのレベルで行動しましょう、他の人と協力しましょう。問題を討議しましょう。責任者に積極的に行動するよう働きかけましょう。破滅的な政策を批判しましょう。国連に、政府に訴えましょう。そうすれば、たぶんもっと有効な影響を及ぼせるでしょう。

ある人たちは、私を予言者だと思っています。私は単純に、貧困、戦争、武器の取り引きに苦しみ、自分を主張することができない人の名において話しているだけです。代弁者にすぎません。私は、権力欲はいっさいありませんし、世界と直面しようという気は毛頭ありません。そんな勇気もありません（笑）。

格別な責任を負ったり、こんな闘いに乗り出すことは、遠くからやって来て隔離されているチベット人の役目ではありません。それは愚かなことでしょう。私の年齢では、もう引き下がる時期です。瞑想して、より深い精神的経験を持つためにもっと時間が持てたらと真剣に願います。

しかし、車椅子で会議に出席しなくてはならなくても、私の信念は死ぬまで揺るぎません。

# 教師に

私は、人類の進歩と頽廃は、多くは教育者、教師にかかっており、彼らの責任は重いと思っています。

もしあなたが教師なら、知識を教えるだけでなく、生徒の心を、善良さ、慈《いつくし》み、赦す心、友好の心といった人間の本質的な美点に目覚めさせなさい。古い形式ばった道徳とか宗教の講義はしないように。幸福と世界の存続のために、こうした美点が不可欠だと教えなさい。

対話によって、すべての抗争を非暴力的に解決すること、すなわち意見の不和が生じたらすぐに、相手が何を考えているかに興味を持つことを教えなさい。狭い視野でものを見ないこと、自分や自分の共同体、自分の国、自分の民族のことばかり考えないこと、誰もが同じ権利と、同じ要求を持っていることを自覚することを教えなさい。

普遍的な責任に関心を持たせなさい。私たちがすることでつまらないことは何一つなく、すべては世界に影響を及ぼすと教えなさい。

言葉だけで満足せずに、見本を示しなさい。生徒はあなたの話を、いっそう記憶にとどめるでしょう。

要するに、あなたの生徒の未来のすべての面にわたって、責任を負いなさい。

# 科学者に

科学や技術の分野では、発見がこれといった影響を及ぼさない分野がありますが、遺伝学とか原子力の分野はそうではなく、その応用は非常に有益か、非常に有害です。こうした分野では、科学者は自分の仕事に責任を感じ、その結果起きうる大惨事に目をつぶらないことが望まれます。

専門家は往々にして視野が狭すぎます。彼らは、自らの研究をもっと広い文脈に置こうとしません。彼らに悪気があるというのではありません。しかし非常に特殊な分野の閉じた研究にだけ没頭するあまり、彼らは自分の発見の長期的な影響にかんして考える時間がありません。核融合にかんする作業の危険性を予告したアインシュタインは素晴らしいと思います。

科学者は、自分の研究成果が人類に害をもたらさないようにたえず心がける必要があります。私はことに、遺伝学の研究が暴走してしまう可能性を考えます。臓器を必要としている人のために、臓器を提供することだけが存在理由である人間が、ある日クローン技術によって作られると考えるとゾッとします。同様に、仏教徒として、人間の胎児を実験に用いること、生体解剖、その他生き物に対する残忍な行為は、たとえ研究目的であれ非難せざるを得ません。自分が苦しまない権利は大声で主張するのに、他の生物のそれを否定することなど、どうしてできるでしょう。

# 実業家に

「私は自分のベストを尽くしたい、他人のように頂点にたどり着きたい」と思うのであれば、競争心を持つのは悪くない、と私は一般に実業家の男女に言います。しかし、一番であるために、他人が成功するのを卑怯な方法で邪魔したり、だましたり、中傷したり、ときには殺したりすることは許せません。

競争相手も、私たちと同じ権利と要求を持った人間であることを考えましょう。あとで嫉妬にかんして述べるように、彼らも私たちの社会の一員であることを考えましょう。彼らが成功すれば、喜ばしいことです。

唯一受け容れられる戦闘的な態度は、自分の才能を認識し、「私もできるんだ、誰も助けてくれなくても、成功するんだ」と、不屈の決心を持って働くことです。

# 作家とジャーナリストに

作家とジャーナリストは、社会に大きな影響力を持ちます。さらに、人生は短くても、書かれたものは何世紀も残ります。仏教でいえば、ブッダ、シャーンティデーヴァ、その他の偉大な師の教えは、書き残されたから、長い間にわたって、愛、慈悲、目覚めの精神の利他的態度を伝えることができ、今日でもそれらを学ぶことができます。ファシズムとか共産主義のイデオロギーを伝播させた他のテキストは、不幸なことに多くの苦しみを生みました。作家は間接的に何百万という人の幸、不幸を生むことができます。

私はジャーナリストには、一般に次のことを言います。今日、ことに民主主義の国では、あなた方の民衆の意見に対する権力と責任は、とてつもなく大きいものです。私の意見では、あなた方のもっとも有益な仕事は、嘘と腐敗と闘うことです。細かく、正直に、公正に、国家元首、大臣、有力者の行動を調べなさい。クリントン大統領のセックス・スキャンダルが暴露されたとき、私は地球上でもっとも強力な国の国家元首が、一般市民と同じように裁判にかけられたのをとても評価しました。ジャーナリストが嗅覚を利かせ、公人の活動を調査し、彼らが有権者の信頼に値するかどうかを暴くのは、よいことだと思います。しかしそれが、正直に、欺瞞やえこひいきなく行なわれることが大切です。あなた方の目的が、政敵や反対政党の評判をつぶすことによって、自分の陣営に勝利をもたらすことであってはなりません。

ジャーナリストはまた、人間の本質的な美点を奨励し、ひき立たせなくてはなりません。一般に、彼らは深刻な現実、ことに醜い現実にしか興味を持ちません。心の底で人間は、殺人は受け容れがたく、ショッキングで、あってはならない行為だと思っています。だから、それが起きると、新聞の一面に載せます。腐敗にしても、他の悪事にしても同じです。逆に、子供を育てること、老人の世話をすること、病人の看病をすることは、普通の行ないと見なして、新聞には載せません。

この態度の一番の欠点は、徐々に社会一般、ことに若者をして、殺人、強姦、その他の暴力行為を常態だと思わせるようになることです。私たちは、人間の本性は残忍で、それが現われるのを阻止することはできないと思うようになる危険性があります。

いつの日か私たちがそう思い込んでしまったら、もう人類の未来に希望はありません。こんなふうに言うようになるでしょう。人間の美点をはぐくみ、平和を促進することは不可能なのだから、どうしてテロリストにならないのか。他人を助けることは何の役にも立たないのだから、どうして世界のことに無関心なまま、自分のためだけに、孤立して生きないのか。

もしあなたがジャーナリストなら、この問題を自覚して、あなたの責任を果たしなさい。読者や視聴者が好まなくても、良いことをする人のことも話すようにしなさい。

# 農業従事者に



農業従事者は、環境と健康の保護あるいは破壊に重要な役割をはたします。現在、地下水の汚染、肥料と殺虫剤の濫用、その他の公害によって、エコシステムの破壊と新しい悪の出現における人間の責任がますますはっきりしてきています。動物性骨粉による狂牛病は、ことに弾劾すべき例です。論理的には、責任者は罰せられるべきですが、どうやら彼らは、何も責任を問われないみたいです。逆に、被害者である牛を殺します。

私は、農業では化学製品を使うのをもっと減らし、できるだけ自然の営みと調和を保つべきだと思います。そうすることで当座は利益が減るかもしれませんが、長期的にはそのほうが利益が上がると思います。また環境に悪い工業的飼育の数と規模を縮小するほうがよいでしょう。動物に与える反自然的な餌は、今日わかっているように、予測のつかない影響をもたらします。時間、お金、エネルギーの浪費、またそれらが起こす不必要な苦しみを考えると、別の方法によるほうが賢明であると思わざるを得ません。

私は動物そのものに関してもひとこと言いたいと思います。すべての生き物は生きる権利があります。哺乳類、鳥、魚は喜びと苦しみを感じます。ですから、彼らは私たちと同じく苦しみたくないのです。これらの動物を利益目的だけのために濫用するのは、仏教的見方は別としても、初歩的な道徳価値と矛盾しています。

動物を殺したり苦しませたりするのに、何のためらいも何の慈悲も感じない人は、論理的に同胞に対しても、そういう感情をあまり感じないであろうとつけ加えます。たとえ、より多くの人のために犠牲にしなくてはならなくても、いかなる生き物であろうとも、その苦しみを無視することは常に危険です。それを無視すること、それを考えないことはつごうのいい解決ですが、この態度から、戦争のときに見られるような、あらゆる蛮行が生まれます。私たち自身の幸福も破壊します。私がよく言うように、感情移入と思いやりは、いつも最終的に私たちにとって益になります。

ある人たちは、いずれにせよ動物は食いあうではないかと指摘します。それは確かです。しかし他の動物を食う動物は、単純で直接的な行動をします。腹が空けば殺し、空腹でなければ、殺しません。何百万という牛、羊、鶏、その他を、ただ利益のために殺すのとは大違いです。

　ある日私は、善良で知性のあるユダヤ系のポーランド人に会いました。彼は菜食主義者で、チベット人はそうではありませんから、彼は私にこう言いました。「私は動物の肉を食べません。もし食べたら、自分で動物を殺そうとする気持ちが生まれるでしょう」。私たちチベット人は、動物は人に殺してもらって、それから私たちが食べます（笑）。

# 軍人に

どんな人間社会でも、悪人が現われ、数多くの問題を起こします。ですから、彼らが害を及ぼせないようにする有効な手段を持つことが大切です。他に選択の余地がない場合には、武力を使わざるを得ません。

私にとって、軍隊は教義を広めたり、他の国を侵略したりするために使われてはなりません。軍隊は、絶対に必要なときに、人類の幸福を破壊し混沌を引き起こす人たちの不正行為を終結させるためのものです。唯一受け容れられる戦争の目的は、全員の幸福であり、特定の利益ではありません。

ですから戦争は、やむをえず用いる手段です。歴史の教訓から、暴力は暴力を生み、まれにしか問題を解決しないということが言えます。逆にそれは、はかり知れない苦しみをもたらします。また戦争が、抗争を終結させるのに賢明で論理的であるかに見えるときでも、火を消すのか、火を煽るのかは、けっして知ることができません。

今日、戦争は冷たくて非人間的になりました。近代兵器は、自分で危険を冒さずに、相手にひき起こす苦しみを見ずに、何千という人を殺せます。殺せという司令を出す人は、往々にして戦場から何千キロメートルも離れたところにいます。死んだり、損傷を負うのは、無垢な人たち、ただ生きることだけを欲している女、子供です。主君が軍隊の先頭を歩き、彼の死が戦争の終わりを意味していた昔の戦争が、惜しいくらいです。少なくとも戦争に、人間的次元を取り戻さなければなりません。

武器を持てば、人間は使いたくなります。私の考えは、国に軍隊があってはならないということです。世界の一地域に平和を脅かす国があるときだけに介入する多国籍軍を除いては、世界は非武装化されるべきです。

誰もが平和を話題にしますが、内に怒りとか憎しみを抱いていては、外側の平和は実現できません。また平和を欲することと武装競争は、相容れないものです。核兵器は抑止手段だと見なされますが、私には長期的に見て賢明な方法だとは思えません。

国によっては武器開発のために巨額を費します。こんなにものたくさんのお金とエネルギーと才能が、無駄に使われます。一方で、その暴走の危険はますます恐ろしくなります。

戦争を終結させるのは、全員がかかわることです。たしかに抗争の原因となった人の名前を挙げることはできますが、彼らもどこからともなく現われたわけでもなく、一人で行動したわけでもありません。彼らは、私たちがその一員であり、私たちがその責任の一部を負う社会の一員です。もし世界に平和を実現したかったら、まず私たち一人一人の中に、それを実現しましょう。

世界平和は心の平和からしか生まれません。そして心の平和は、信仰、イデオロギー、政治、経済システムの違いにもかかわらず、人間は全員一つの家族のメンバーだという自覚から生まれます。こうした違いは、共通点にくらべれば、ささいなことです。もっとも大切なことは、私たちは全員、この小さな地球に住む人間であるということです。生き延びるために、私たちは個人のレベルでも、国家のレベルでも、協力しあうことが必要です。

# 他人に尽くす人に

医療、教育、または精神、家族、社会生活、その他いかなる分野にせよ、他人に尽くす人は、私の心を和ませます。人間社会は、苦しみと問題にあふれています。できるだけのことをしてこの困難を解消しようとすることは、称賛に値します。

仏教的見地からは、ある人たちがやらなければならない庭仕事をするように、ただたんに義務感と喜びだけから他人を助けるのではないということが大切です。もし愛情と慈しみを持って、感じのいい笑顔と言葉づかいをもってするならば、相手は確実に幸せになるでしょう。行為そのものは同じに見えても、その効用はずっと優れています。

もしあなたが医者なら、患者を習慣的にあるいは義務によって治療しないようにしなさい。患者は、医者が自分のことを真剣に気づかっていない、あるいは注意深く検査していない、あるいはモルモットのように扱われているという印象を持つでしょう。手術をくり返すあまり、外科医の中には患者を人間とは思わないで、修理すべき機械と見なす人がいます。善意と思いやりの対象としての人間を忘れて、彼らは自動車の部品とか木片を扱うように、切り、縫い、臓器を交換します。

他人の世話をするとき、利他主義の態度を育てることはとても大切です。この態度は、それを受ける人のためになるばかりでなく、それを与える人にもためになります。他人の幸福を気にすれば気にするほど、同時に自分の幸福を築くことになります。しかし、与えるときは、このことをけっして考えないように。見返りを何も期待しないで、ただ他人の幸福だけを考えなさい。

同様に、あなたが助ける相手よりも自分が優れているとは思わないように。汚なくて、虚弱で、愚かで、ぼろ着を着ている人のために、お金、時間、エネルギーを費しても、いつも謙虚な気持ちでいなさい。個人的には、乞食に出会うと、私はいつも彼を自分より劣ったものと見なさずに、自分と何ら違わない人間と見るように努めます。

もう一つ大切なことは、あなたが誰かを助けるとき、たとえばお金を与えるなどして、当座の問題を解決するだけで満足しないように。自分で問題を解決できる方法を与えなさい。

# Ⅳ　危機的な心境の人に

# 幸せな人に

幸せのありかたはいろいろです。少し能天気で、おめでたい、幸せに浸っている人もいます。彼らは、いつもすべてうまく行くと思っています。今ここで問題にしているのは、こうした幸せではありません。

物質的財産と感覚の満足を、幸せのよりどころにする人がいます。この幸せのもろさはすでに指摘しました。あなたが、自分は本当に幸せだと思っているときでも、もしあなたがその幸せを不変のものだと考えるなら、状況が悪くなったら、あなたは倍苦しむでしょう。

中には、道徳的に考えて行動するから幸せであると考える人がいます。この幸せは、状況に依存することなく、深い理由にもとづいていますから、私たちに必要なのはこの幸せです。

持続的に幸せであるためには、まず苦しみの現実を知る必要があります。最初は気が滅入るかもしれませんが、長期的にはためになります。麻薬を使ったり、偽りの精神的陶酔を盲目的に求めたり、考えるのを避けるために全速力で生きたりする人は、短い執行猶予を得るだけです。問題が大挙してやってくると、彼らはまったく途方にくれ、チベットで言われるように「国を嘆きで満たします」。彼らは怒りと失望の虜になり、当初の困難に無用な苦しみを加えます。

私たちの苦しみはどこから来るのかを知るようにしましょう。ほかの現象と同じく、苦しみは数えきれない原因と条件の結果です。もし私たちの感情がはっきりと一つの原因によるものなら、たえず幸せであるためには幸せの原因を持てばすむことです。そうではないことを、私たちはよく知っています。いつも原因は一つであり、それを見つければ苦しまなくなるという考えは棄てましょう。苦しみは存在、仏教用語では輪廻、すなわち条件づけられた存在の周期の一部であるということを認めましょう。もし私たちが、苦しみは否定的で不当なもので、私たちはその犠牲者だと考えるなら、人生は惨めになります。ですから私たちの反応が問題なのです。苦しみを苦しみと見なすことさえもが私たちを不幸にしないなら、幸せは可能です。

仏教では、苦しみに関する考察は、けっして悲観主義とか絶望にはつながりません。それは、私たちの不幸の根本的原因、すなわち欲望、憎しみ、無知などの発見、そしてそこからの解放に至ります。無知はこの場合、生き物およびものごとの本性に対する無理解を指します。それが、欲望と憎しみの原因です。無知でなくなると、欲望と憎しみは根拠がなくなり、苦しみの源が干上がります。その結果、否定的な感情に左右されない、利他的な幸せが自然に生まれます。

# 不幸な人に



これは大切なテーマです。私はすでに二種類の満足について話しました。前者は私たちの感覚にもとづいたもので、後者は私たちの考え方にもとづいたものです。

工業化した国では、不幸な人がたくさんいます。彼らは、何の不自由もなく、快適な生活のすべての条件を満たしているのに、自分の運命に満足していません。嫉妬やその他あらゆる理由によって、自分を不幸にします。ある人はたえず大異変が起こると思っていますし、またある人は世界の終末が近いと思っています。こうした人たちは、健全に考えることができなくて、自ら苦しんでいます。もし見方を変えれば、苦しみはなくなるでしょう。

また本当に苦しむ理由のある人たちがいます。本当に病気の人、困窮した人、天災の犠牲者、不当に虐待された人たちです。しかし、彼らは往々にしてそれに対処する力を持っています。物質的には、彼らは養生し、虐待する人を法廷に引き出し、賠償を求めて裁判所に行き、食うものも着るものもなければ必死に働くことができますし、そうしなければなりません。精神的には、肯定的な見方をすることができます。

一般に、苦しみの度合いを決定するのは私たちの精神的態度です。たとえば病気なら、役に立つ唯一の対応は、治すためにあらゆる方法を実行してみることです。医者に診てもらう、治療を受ける、運動をするといったことです。しかし一般に、私たちは自分の運命にかんして悩み、事を複雑にし、肉体的苦しみに精神的苦しみを加えています。もし重病なら、それをもっとも否定的な見方で捉えます。もし頭が痛いと、こう考えます。「最悪の事態だ。もし足が不自由であるくらいだったら」。ほかにも同じように苦しむ人がいることを自分に言い聞かせずに、苦しんでいるのは世界で自分一人であるかのように嘆きます。

しかし、反対の態度をとることは可能です。腕が麻痺したら、「もう腕は使えないけど、足はまだ私を支えてくれる」と言うことです。足がだめなら、「足はもう私を支えてくれないけど、車椅子で移動できるし、手で書くことができる」。単純なようですが、こう考えれば楽になるものです。

要するに、状況がどうであっても、肯定的な見方をすることは常に可能です。ことに現代では、近代技術が希望を保つ理由を追加してくれます。実際の状況で起きた苦しみを減少させる精神的方法が、何も見つからないということは考えられません。いっさい楽にならずに、苦しむ理由しかないという例はまれです。肉体的苦しみにかんしては、肯定的な面を考え、それを頭に浮かべなさい。そうすれば、少しは痛みを和らげることができるでしょう。

もし長期の重病なら、絶望に陥らない方法が必ずあります。仏教徒なら、こう言いなさい。「この病気が私の過去の悪事を浄めますように。人の苦しみが私の苦しみに加わり、彼らの代わりに私に害をなすように」。無数の生き物があなたのように苦しんでいることを考えなさい。そしてあなたの苦しみが彼らの苦しみを鎮めるように祈りなさい。このように考えることができないとしても、あなた一人ではなく、多くの人が同じ状況にあると意識するだけでも、苦しみを我慢する助けにはなるでしょう。

あなたがキリスト教徒で、宇宙の創造者としての神を信じるなら、こう考えて気を楽にしなさい。「この苦しみは、私が欲したものではありませんが、きっと理由があることでしょう。というのは、神は慈悲において私に命を授けたもうたのだから」。

無宗教者なら、どんなにひどい不幸でも、あなたにだけ降りかかるのではないと考えなさい。何も信じなくても、あなたが苦しむ場所の上に、あなたの苦しみに浸透し、それを溶かす光がそそぐことを想像してみなさい。そしてそれが、あなたを楽にするかどうかを見なさい。

大切な人の死のように、突然で、避けがたい不幸があります。もちろんその原因がなぜ生まれたかは、ここでは問題ではありません。しかしまさに、何もできないのですから、絶望は無益で、苦しみを大きくするだけであることを考えなさい。私はとくに、信仰を持たない人のことを考えます。

一つ為すべき大切なことは、苦しみを吟味し、それがどこから来るのかを探り、それをなくすことが可能かどうかを探ることです。一般に、私たちは自分の不幸にまったく責任がないと考えます。きまって誰か、あるいは何かのせいにします。しかし私はいつも、そうであるかどうか疑問に思います。私たちは、試験に落ちて、もっと勉強すれば合格できたのを認めない学生のようです。誰かに腹を立て、状況は利がなかったとわめきます。しかし、この第二の精神的な苦しみが、最初の苦しみに加わるのは、さらにひどいことではありませんか。

父親とか母親といった大切な人をなくしても、理性によって抑制しなさい。ある年齢になれば、人生は終末を迎えると考えなさい。あなたが幼かったころ、両親はあなたを育てるのにできるだけのことをしました。今、あなたは何も悔いることがありません。もちろん、自動車事故のように時期早尚な死の場合は、さらにいっそう悲しいことですが。

# 悲観主義者に



悲観主義者で、たえず悩む人には、「あなたはなんて愚かなんだ」と言いたくなります。ある日アメリカで、実際の理由なしに非常に不幸な女性に出会いました。私は彼女に言いました。「自分を不幸にしないでください。あなたは若くて、まだ何年も生きられます。あなたは悩む理由などありません」。彼女は、どうして私が自分のことに口を出すのかと言いました。私は彼女に、そんなことを言っても、何にもならないと答えました。彼女の手を握って、思いやりを込めて平手打ちをくらわせました。そうしたら彼女の態度が変わりました。

このたぐいの人は、愛情をもってしか助けることができません。うわべの愛ではなく、うつろな言葉ではなく、真心からの何かです。討論するときは、理性に訴えます。しかし本当に愛とか優しさを表現するときには、直接のコミュニケーションがあります。結局この女の人は変わりました。心から笑うようになりました。

あなたが悲観主義者なら、あなたは人間社会の一員だと考えなさい。人間は、深奥においてお互いに愛情を持ちあいます。その中には、いつも希望を託し、見本となるべき人がいます。あなたのように悩んだところで、何にもなりません。

肯定的に考えるようにしなさい。みんなが悪い、と自分に言うことはまちがっています。たしかに悪人もいます。だからといって、全員が悪人ではありません。高貴で、寛大な人もたくさんいます。

世界をそういうふうに見る人は、誰も信用しませんし、孤独です。孤独に感じるというのは、つまりは他人のことを十分に考えないからです。人のことを十分に考えないと、人を自分だけで判断します。そして人はこちらが思っているように、こちらのことを思っていると想像します。この場合、孤独感は驚くに値しません。

私自身が経験したことを思い出します。それは肯定的な態度の利点を物語っています。ある日ダラムサラに、共産中国と非常にいい関係を保っている人が来ました。七十歳を越えていました。今私たちがいる部屋で最初に会いました。

彼が来ることを知って、ここでは多くの人が彼に「中国共産主義者」のレッテルを貼り、そのイメージを悪くしました。彼自身、中国を称賛していると言いましたし、中国政府の肩を持っていると思わせました。結果として、出会いのとき、気まずい空気になりました。

個人的には、私は彼に何の不満もなく、他の人と同じく一人の人間で、彼が中国を信用するのは、十分な情報を持っていないからだと思いました。チベットの状況は実に悲劇的で、彼を喜ばせるためにその反対のことを言う必要はありませんでした。私は事実をありのままに述べるつもりでした。

最初に会ったときから、彼は私に討論をするように話しかけてきました。しかし私は、彼を一人の人間として見なし、チベットのことを非常に友好的に話しました。二日目に彼の態度は完全に変わりました。

最初、彼は対面がつらそうでした。もし私も気が昂ぶっていたら、二人ともお互いの立場に閉じこもったでしょう。私は彼の主張を聞かなかったでしょうし、彼は私の言うことに耳を貸さなかったでしょう。彼を一人の人間として見なし、人間は全員似かよっており、ときとして情報が足りないことがあると自分に言い聞かせ、彼に対して心をこめて応対し、徐々に彼の胸襟を開かせることができました。

ものごとの否定的な面を見ない人がいます。驚くべきことです。たとえば亡命チベット人社会では、私たちは全員亡命者で、同じ状況にいます。しかし、中にはいつも満足して、希望を持たせる楽しいことしか話したくない人もいます。そうかと思うと、逆に、何によらず、いいことは見ない人もいます。すべての悪口を言い、いつも悩んでいます。

仏典に書かれていますが、世界は友だちとも敵とも見え、欠点に満ちているとも美点に満ちているとも映りますが、すべては心の中のことです。一般に、利点ばかり、あるいは不つごうばかりということは何もありません。私たちが使う食べ物、衣類、家といったすべてのもの、一緒に住む家族、友だち、上司、部下、先生、弟子といった人々は、美点もあれば欠点もあります。そうなんです。現実を正しく判断するには、こうしたいい面と悪い面を、あるがままに知らなくてはなりません。

ある見方からすれば、すべてを肯定的に見ることは可能です。苦しみさえも、有益だと見なすことができます。宗教的な見地のことではありません。幾多の試練を経た人は、普通ちょっとした困難に出会っても嘆かないということを指摘するだけです。味わった苦労で、彼らの性格が形成され、視野が広くなり、心が安定し、現実的になり、よりあるがままにものを見られるようになっています。問題にまったく遭遇せずに、過保護に生きる人は、現実から離れてしまいます。そしてほんのちょっとした苦労に直面すると、彼らは「国を嘆きで満たします」。これは私がよく目にしたことで、自分でも経験のあることです。

私は母国をなくし、人生の大半を亡命して過ごしました。私の人民は拷問され、殺《さつ》戮《りく》され、寺院は破壊され、文明は壊滅され、国土は荒廃し、資源は略奪されました。喜べることは何もありません。それでも私は他の民族、他の宗教、他の文化、他の科学と接触し、ずいぶん豊かになりました。私は自分が知らなかった自由の形態、世界観を発見しました。

亡命チベット人の社会で、もっとも陽気で、内面的に不屈な人は、往々にしてもっとも苦しんだ人です。ぞっとするような条件で二十年間監獄で過ごした後、それが精神的観点からすれば、人生で一番いい時期だったと言う人がいます。私の寺院の僧侶が、信仰を棄てるようにと拷問を受けました。彼がインドに亡命したとき、私は彼に恐かったかと聞きました。彼は真剣に、唯一恐かったのは、自分が拷問者に慈しみの心を持たなくなることでしたと答えました。

フランス、ドイツ、イギリス、その他の地域で、第二次世界大戦およびその後の困難な欠乏の時代を知った人は、ちょっとした心配事では動じません。彼らはもっとひどい状況を経験したので、自分の運命に満足します。逆に、この戦争を経験せず、幼稚園児のように幸福に生きている人は、困難があると嘆き悲しみ、我を失います。幸福があっても、それを自覚できません。

新しい世代の中には、物質的な進歩にもの足りず、精神的な生活に向かう人がいます。私は、これは肯定すべきことだと思います。

いずれにせよ、世界はよいことと悪いことで成り立っており、私たちが現実と思っていることは、多くは私たちの心が作り出しているものだと自覚してください。

# 不安な人に



　目が覚めると、説明のつかない不安に襲われる人がいます。この感覚には、いろいろな原因があります。小さいときに、両親、兄弟姉妹に意地悪された人がいます。性的虐待を受けた人もいます。暴力を受け、それを話すことができません。徐々に一種の恐怖に襲われ、気分が悪くなります。

　経験したことを話し、誰かが近くにいて、それは終わったことで、過去のものだとわからせてくれると、彼らの人生のこの出来事にはけりがつきます。チベットではこうすることを、息を吹き込んで、貝殻に穴を開けねばならないと言います。

　自分にまったく自信がなく、何をしてもうまく行かないと思っているのであれば、少し考えなさい。どうしてはじめから敗者だと思うのか、考えなさい。有効な理由は何もありません。問題はあなたの考え方であり、実際の可能性の無さではありません。

不安に対処する有効な方法は、自分のことを考えずに、人のことを考えることです。本当に人の困難を目にすると、自分のそれは大したことではなくなります。他人を助けると、自信がついて不安は減少します。もちろん、真剣に助けたいという意志がなければだめです。もし自分の不安から解放されたいという目的しかないなら、必然的に私たちは、私たちの不安に戻ります。

# 自殺したい人に

自殺のことを話すのは難しいことです。自殺の理由は非常に多様です。気がかりや不安に襲われる人もいますし、絶望する人もいます。人がしたりしてくれなかったりしたことで、自尊心から自殺する人もいます。何もできないと思い込んで死ぬ人もいれば、強烈な欲望を感じ、その欲望が満たされないで、怒って死ぬ人もいます。哀しみのあまり死ぬ人もいますし、その他さまざまです。

一般に、自殺する人は、問題のすべての解決方法を抹消します。今まで困難にしか遭遇しなかったとしても、いつかそれを解決する方法に出遭わないとはかぎりません。

もうひとつ。自殺の大半は、感情の極端な状態で行なわれます。人間として私たちは、怒りや欲望、不安というような感情だけから、これほど根本的な決断をすることはできません。衝動的に行動することは、まちがう危険が大きいものです。私たちは考えることができますから、落ち着いてくつろぐまで、取り返しのつかないことをするのはやめましょう。

私の先生のチチャン・リンポチェは、ラサのツァンポ川に身を投げて死のうと決心した、カム［東チベット］出身の非常に不幸な男のことを話してくれました。彼は一本の酒を持っていて、酒を飲み終えたら飛び込もうと決めました。最初は、感情に動かされていました。川のほとりにたどり着いて、堤に坐りました。飛び込む決心がつかなかったので、酒を飲み始めました。それでも勇気が湧かなかったので、もう少し飲みました。結局、空瓶を持って家に帰りました。

おわかりのように、強い感情に動かされている間は、自殺しようと決心していました。しかし、落ち着くと、そしてお酒を一本あけると、家に帰りました。

# 孤独で苦しむ人に

世論調査で、アメリカ人の過半数は孤独に苦しんでいると知りました。大人の四人に一人が、最近二週間のうちに心底孤独だと感じたということです。この現象は非常に広まっていると思えます。

町の通りには、何千という人がいますが、お互いに見つめあいません。もし視線が合っても、きちんと出会わないかぎり、ほほえみません。電車の中で、人は隣り合わせに坐っても、何時間ものあいだ話しません。不思議ではないですか。

私は孤独感には、主に二つの理由があると思います。第一には、人が多くなりすぎました。人口が少なかったころは、一つの家族に属するような気持ちがもっと強かったし、お互いにもっとよく知りあい、互助の必要性ももっと大きかったでしょう。今でも、田舎の小さな村では、人はお互いに知っていますし、道具や機械を貸しあい、大きな仕事は一緒にします。昔はよく一緒に集まりましたし、教会に行って一緒に祈りました。もっと伝えあう機会がありました。

今や地球は人口過剰で、何百万という人が大都会にひしめきあっています。彼らを見ていると、その唯一の関心事は、働いて給料をもらうことのように見えます。一人ひとりが独立した生活を営んでいます。近代的な機械は、私たちに大きな自立を与えてくれ、他人は私たちの幸福にとって、ますます小さな役割しか果たさなくなったという誤った印象を持ちます。この状況が、無関心と孤独感を助長します。

孤独感の二番目の理由は、私の考えでは、近代社会では私たち全員がおそろしく忙しいことです。もし誰かに「元気ですか」といった言葉をかけるにしても、人生の大切な二秒を失うように感じます。仕事が終わったかと思うとすぐに、「どんなニュースがあるかな」と新聞に目を移します。友だちと討論することは、時間を無駄にすることなのです。

町では、往々にして多くの人を知っています。「こんにちは」と挨拶しなければなりません。全員と会話をすることになるかもしれませんから、ちょっと困ります。ですから接触を避け、誰かが話しかけてきたら、侵入されたと感じます。その結果、私たちの社会は非人間化し、私たちの生活は機械的になります。仕事が終わったら、ナイトクラブなどで気晴らしをします。酔っぱらい、遅く帰り、数時間横になります。翌朝、半ば眠ったままで、気分ももうろうとしたままで、仕事に向かいます。都市の住民は、こうして人生の大半を過ごすのではないでしょうか。そして一人ひとりは組織の一部になっているので、いやおうなく全体の動きについて行かねばなりません。しばらくすると、それが我慢できなくなり、孤独に閉じこもります。

もし私が、たとえばアメリカの大都市に住んで、その土地の人たちの中だけで生きるようになったら、私も徐々に彼らのようになるでしょう。選択の余地がありません。たぶんナイトクラブに行き、遅く帰って、翌朝半分寝たままで、仕事に行くでしょう。しばらくすれば、私は完全にこの習慣を身につけるでしょう（笑）。

夜はあまり酔わないようにしなさい。仕事が終わったら、家に帰る方がいいでしょう。静かに食事をして、お茶か何かを飲んで、本を読み、リラックスしなさい。そして、くつろいで就眠しなさい。朝は早く起きなさい。元気はつらつとした気分で仕事に行けば、あなたの人生は同じではないと思います。

誰もが、孤独感は有益でもなければ、心地よいものでもないことを知っています。私たちは誰でも、それと闘わねばなりません。しかし、それはいろいろな理由と条件に由来しますから、十分に早くから対処しなければなりません。社会の基本的な核である家庭が幸せで、慈しみと愛情の開花するところでなくてはなりません。家庭と学校で、子供が温かい雰囲気で育ったなら、大人になり社会に出てから、彼らは他人を助けることができるでしょう。誰かと初めて会っても、くつろいで、言葉をかけるのを怖がったりしません。彼らは、孤独感のずっと少ない、新しい雰囲気を作るのに貢献するでしょう。

# 怒りっぽい人に

怒りや憎しみに捕われると、私たちは肉体的にも精神的にもいい感じがしません。誰もがそれに気づき、私たちと一緒にいたくなくなります。私たちの血をほしがる蚤と蚊を除いては、動物も逃げ出します。食欲がなくなり、眠れず、ときとしては潰瘍になり、継続的にこの状態にいると、寿命を縮めます。

何もいいことはありません。怒り狂ったところで、敵を全員除去することはできません。誰かそうできた人を知っていますか。私たちが怒りや憎しみという内なる敵を自分の中に宿しているかぎり、今日の外敵を破壊したとしても何にもなりません。明日は別の敵が現われます。

私たちの本当の敵は、無知、憎しみ、欲望、嫉妬、傲慢という心の毒です。私たちの幸福を破壊するのはこれらです。ことに怒りと憎しみは、家庭の喧嘩からもっと大きな紛争まで、この世の数多くの不幸の原因です。それはどんなに楽しい状況も、いたたまれないものに変えます。それを美徳とたたえる宗教は一つとしてありません。すべての宗教は愛と好意を強調します。いろいろな天国の叙述を読めば、それは一目瞭然でしょう。そこでは、平和、美、素晴らしい庭、花が語られますが、私の知る限り、抗争も戦争も話題になりません。ですから怒りには、何の美点も見出せません。

怒りをどうしたらいいでしょうか。ある人々にとっては、それは欠点ではありません。心を観察する習慣を持たない人は、怒りは彼らの自然の一部であり、抑えるのではなく、逆に表現しなくてはならないと考えます。もし本当なら、無知も文盲も私たちの心の一部だと言わねばならないでしょう。なぜなら生まれたとき、私たちは何も知らなかったのですから。しかし私たちは無知とか文盲をなくすためにあらゆることをしますし、無知や文盲は自然なことだから何も変えなくていいと言う人はいません。もっと大きな被害をもたらす怒りとか憎しみについては、どうして同じようにしないのでしょう。試みる価値は確実にあります。

学ぶのには時間がかかりますし、全部を知ることは不可能です。しかし少しでも無知でなくなることはいいことです。同じように、怒りを完全になくすことは難しいですが、ある程度でもできるなら、やってみる価値はあります。あなたは、それは相手にだけ関係することであって、私の問題ではない、と答えることができます（大笑）。

おそらく心理学者は、怒りのような感情は押し殺さずに、表に出さねばならないと言うでしょう。いずれにせよ、それを追求したり、あるいは発展させねばならないとは言わないでしょう。怒りの欠点を見ることを学びなさい。相変わらず怒りが心の一部だとは思っても、無くてすませられた方がいいと結論せざるを得ないでしょう。

あなたの中に激しい反応を引き起こす状況を、できるだけ避けなさい。どうしてもそれが出現するときは、カッとならないように試みなさい。もしあなたをいらだたせる人に会ったら、その困った特徴を忘れるようにし、その人を別の角度で見るようにしなさい。私たちを敵と見なす人たちも、生まれながらにして私たちに敵対しているわけではありません。いくつかの考えと行ないの後にそうなるのです。そうなってしまうと「敵」というレッテルが貼られます。その態度が一変すれば、彼らは「友だち」になります。一人の同じ人が、ある日は「敵」で、ある日は「友だち」になります。これは愚かなことです。

その人の人間性と一時的な態度を区別しなさい。誰かに対してではなく、ある感情、態度に対して反応しなさい。その人個人に害を為そうというういっさいの欲望を排斥しなさい。彼が変わるのを助けるようにしなさい、そしてできるだけ彼のためになりなさい。あなたが愛を表明しつつ、彼の行為を終わらせるだけで満足すれば、彼はすみやかに敵として行動しなくなる可能性があります。おそらく彼は、あなたの友だちになるでしょう。

あなたであれ、他の人であれ、受けた悪を黙認する必要はありません。闘いなさい。でも、それをした人を憎まないように、カッとならないように、そして仕返ししようとしないように。そうすれば、あなたの反応は仕返しではなく、怒りに対する怒りではなくなります。それが本当の忍耐です。激怒しているときに、正しく反応するのは難しいことです。だから激怒を忘れなさい。

最近イスラエルで、イスラエルとパレスチナの学生の討論に参加しました。最後に、一人のパレスチナ人が次のような発言をしました。対談している間はすべてうまく行くけれど、通りに出ると別です。イスラエル警察が彼らを逮捕すると、パレスチナ人は怒って、イスラエル人は敵だと見なします。どうしたらいいのかと彼は自問しました。彼らは討議し、相手を「神のイメージ」だと考えればよいという意見が出ました。「あなたに迷惑をかける人に遭遇した場合、それがどんな人でも、その人に神をイメージしなさい。あなたの怒りは消えるでしょう」。いい考えではないですか。私は優れた考えだと思います。

もしあなたが彼らのように宗教を信じており、この方法をあなたなりに実践すれば、あなたの怒りは自然に減少するでしょう。瞑想しているとき、ダライラマのイメージが心に現われて、非常にためになったと、ある人が私に書きよこしました。今、彼は怒ると、私のことを考え、怒りが鎮まります。私の写真に怒りを鎮める力があるかどうかは知りませんよ（笑）。

怒りが生じるときは、怒りを生じさせるものに考えを集中せずに、愛する人やもののことを考えると、少しは心が鎮まると思います。たとえばあなたが恋をしている男性あるいは女性のことを考えなさい。あなたの心はぼんやりし、よく言われるように、「同時に二つの考えは浮かんできません」。新しいイメージのほうが強ければ、私たちの心は自然にそちらに向かいます。その直前にあったものは、消え去ります。それは一時的に弱くなりますが、再復活しないように注意しなさい。怒りは災いをもたらすことを思い起こしなさい。

怒りに身を任せても、必ずしも敵に損害を与えるとはかぎらず、逆に確実に自分に害を及ぼす、と私はよく言います。内面の平和を失い、何もきちんとできなくなり、消化不良になり、眠れず、客を追い返し、出会う人を怒った目つきで眺めたりします。ペットを飼っていれば、餌をやることすら忘れます。人と一緒に生活できなくなり、もっとも親しい友だちも遠ざけてしまいます。同情してくれる人は少なくなり、ますます孤独になります。

想像される敵はといえば、おそらく家で静かに坐っているでしょう。もしある日、あなたの隣人が見たり聞いたりしたことを彼に話せば、彼は喜ぶでしょう。もし、「彼は本当に不幸だ。食欲をなくし、顔色はやつれ、髪は乱れ、よく眠れず、精神安定剤を飲んでいる。彼に会いに来る人は誰もおらず、犬も近寄らず、吠えてばかりいる」と聞いたら、喜ぶでしょう。入院したとでも聞いたら、満足するでしょう。

怒ることは意味がありません。あなたの目的があなたの敵を罰することなら、落ち着いて、どういう仕打ちを食わせるかを静かに考えたほうがいいでしょう（笑）。

## 欲望に支配される人に

欲望の目的は満足です。もし欲望が私たちを支配し、私たちがいつもさらに要求すれば、この目的は決して達成されることはなく、私たちは幸福ではなく苦しみを味わいます。今日では性的自由がよく話題になります。しかし、喜びだけのために自制なくセックスに没頭すると、長続きする喜びは得られず、一連の問題が生じます。その結果の否定的な面――捨てられた配偶者の苦しみ、理解しあえなくなった夫婦、めちゃめちゃになった子供の生活、性病、エイズ――は、一時的な喜びとは比べものにならない悲惨なものです。

実際、充足させたと思っても、いっそう強くぶり返してくるのが欲望の本性です。この罠にかかる人は、海水を飲む渇いた人に似ています。飲めば飲むだけ、喉が渇きます。

さらに、すべてに限界があります。金持ちになりたければ、たくさんお金を稼ぐことですが、いつかはそれ以上稼げなくなり、不満になるでしょう。外から強制された厳しい戒律を耐え忍ぶより、自分で決めるほうがいいでしょう。欲望を少なくして、足ることを知りましょう。

欲望は、はてしない問題の源です。多ければ多いほど、計算をして、それを実現するための努力をしなければなりません。少し前に、ある実業家が、「企業が発展すればするほど、さらに大きくしようと思いました。そして、大きくしようとすればするほど、嘘をつき、競争相手と容赦なく闘わねばなりませんでした。たえずより多くを望むことは意味のないことで、企業の規模を小さくすれば競争は残酷でなくなり、正直に働けるようになるのだとわかりました」と話していました。

私は、彼の言うことは正しいと思いました。商売をしたり、発展させてはいけないと言う気はありません。経済的成功はよいことです。ことに仕事がない人に職を提供します。自分にとって、他人にとって、社会にとってよいことです。もし全員が寺院生活をし、人からの布施で生きていたら、経済は崩壊し、私たちは全員、餓死するでしょう（笑）。そうなったらブッダがすることはわかっています。彼は僧侶に、「全員、仕事につきなさい！」と言うでしょう（笑）。

しかし経済は、人間の価値を犠牲にして繁栄すべきではありません。公正な行ないにとどまるべきであって、利益のために内面の平和を犠牲にしてはなりません。もしすべてが利益を正当化するのであれば、どうして奴隷制を廃止したのでしょう。私は高貴な考えこそが進歩の本当の要因だと思います。

# 嫉妬に苦しむ人に

嫉妬は私たちを不幸にし、精神的な成長をはばみます。もし攻撃的になると、他人にも害になります。それは非常に否定的な感情です。

一般に、それは不条理です。嫉妬の対象になっている人がいっそうお金持ちになったり、立派になったりするのを阻止できるわけではないので、自分に新たな苦しみをもたらします。そして嫉妬が強くて他人の成功とか富を破壊しようとするなら、これほどあさましいものがあるでしょうか。嫉妬の結果は、遅かれ早かれ自分の身に降りかかることはまちがいありません。

嫉妬は第二の理由によっても不条理です。というのは社会の幸福は、構成員全員にかかっているからです。もしいく人かでも繁栄すれば、社会は得をしますし、何らかの意味で、自分もそうなります。誰か繁栄している人を見たら、気持ちをいらだてずに、自分にとってもよいことだと考えましょう。

もし愛する人とか身内の者だったら、その成功をかならず喜ぶでしょう。もし尊敬していない人でも、その人の成功が社会に役立つなら、やはり喜びましょう。一人では、国を繁栄させることはできません。そのためには多くの努力と才能がいります。たとえ尊敬していない人でも、その人がその有能な一人なのですから、それはよい知らせなのです。

そして私たちよりも金持ちで頭のいい人が、自分の利益しか考えないとしても、その人を嫉妬して苦しんで何になるでしょう。私たちがほしいと思っているものは、他人も持つ権利があるのではないでしょうか。

否定的な感情には違いありませんが、わからないではないもう一つの嫉妬がありま す。それは夫婦の場合で、信頼が裏切られた配偶者の気持ちです。本当に愛しあう二人が、一緒に生活し、仲よく、全面的に信頼しあい、子供まで作っているのに、ある日一人が愛人を作ったとします。配偶者の不満は容易に理解できます。

嫉妬する人にも、その責任があります。「結婚して、妻とますます親密になり、お互いをより知りあうようになるにつれ、お互いにすべてを知り尽くすようになると考えると、ますます不安になり、嫌悪さえ感じるようになりました。夫婦間には緊張が生まれ、妻は別の男性と生活するようになりました」とある人から聞きました。

私には、彼の反応は意外に思えました。二人で生活すれば、お互いにますます近くなるのは当然です。近くなればなるほど、秘密を守る必要もなくなります。誰かを全面的に信用することは、心地よいことではありませんか。結婚してお互いに信頼しあわないとは、不条理ではありませんか。最初から相手を信頼しないなら、相手が家にないものを外に求めるのは当然です。

# 傲慢な人に

傲慢の最悪の欠点は、私たちが自己を改良するのを阻止することです。もしあなたが「私は何でも知っている。私はこれでいいんだ」と考えたら、あなたはもう何も学ばなくなります。それはあなたに起こりうる最悪のことの一つです。

傲慢はまた、多くの社会問題の源です。嫉妬、尊大さ、軽蔑、無関心を生み、ときとして他人に対して法外な態度をとり、暴力をふるわせます。

傲慢と自信とを区別する必要があります。自信は必要です。自信のおかげで、ある状況では勇気をなくさずにすみ、「私は成功することができる」と正当に思うことができます。それはまた、自分の能力や状況に対するまちがった判断にもとづく過信とも違います。

他人にできないことをできると考えるのは、あなたの判断が根拠のあるものであれば、傲慢ではありません。背の低い人たちがいて、高いところに置いてある物が取れないとき、背の高い人が来て、「無駄な骨折りをしなくても、私が取ってあげます」と言うのに似ています。彼は他の人より、ある特定の行為をするのに向いているというだけで、彼らより優れているとも、彼らを圧倒するとも言っているわけではありません。

傲慢はけっして正当化できません。それは自分の誤った評価か、一時的で表面的な成功にもとづいています。その否定的な影響を思い起こしましょう。自分の欠点、限界を意識し、その人たちよりも自分のほうが優れていると思えても、本質的にはその人たちと自分には違いがないことを自覚しましょう。

# 心的外傷を受けた人に

劇的な出来事を経験した人たちがいます。彼らは、両親や他人が殺害されたり、強姦されたり、拷問されたりしたのを目撃しました。何年たっても、そのイメージにとりつかれ、往々にして話すことさえできません。彼らを助けるのは簡単ではありません。心的外傷の重さと、治癒のスピードは、多くは社会的、文化的要因によります。宗教も大きな役割を果たします。私は、チベット人は仏教の修行のおかげで、悲劇的な経験によってももろくなってはいないと思います。

もし犠牲者の心が許すのに必要なだけ開かれていて、強姦、拷問、殺害を犯した者が行為の重さを自覚し、改悛するなら、両者の対面は有益でしょう。加害者にとっては、あやまちを認め、真摯な後悔を表明する機会ですし、犠牲者には、部分的にでも怨恨から解放される機会になります。両者が和解の場を見つけるなら、最上ではないですか。

深刻な問題に悩まされるのは犠牲者だけではありません。ときとしては、加害者もそうです。兵士、ことにベトナム戦争の兵士の中には、彼らが犯した暴力や残虐行為をたえず思い出す人がいます。長年たってもまだ、殺害や爆発や頭のない死体の悪夢を見、心が深く乱れています。

こうしてもろくなった人によくある問題は、まわりの人から愛情のこもった支援が得られないことです。人からの善意や利他主義、思いやりが、彼らの苦しみを和らげるのに貢献します。しかし私たちの社会には、往々にしてそれがありませんから、犠牲者は孤独です。

けれども彼らを助け、グループであるいは個人的に話し、彼らの苦しみを和らげるためにいろいろな方法を用いることは可能です。彼らは一人ではなく、ほかにも同じような人がたくさんいて、多くはそこから脱出することができることを自覚させるようにしましょう。彼らに、私たちが経験した苦しみや心的外傷のことを話しましょう。そして、私たちがどうしてそれを克服したかを説明しましょう。

もちろん心理学の理論や療法に満足していてはだめです。純粋な意図をもって、心から話すことが必要です。辛抱強く、必要なだけ根気よく続けることが必要です。人の心が深く困惑しているとき、いくつかの慰めの言葉をかけるだけではだめです。経験からわかることは、平和な環境で育ち、安定して人間的資質を発達させた人は、心的外傷にもずっとうまく対処できます。逆に闘争的で暴力的な境遇に育った人は、否定的に反応し、回復するのによけい時間がかかります。

頑丈な身体があれば、病気に対してより抵抗力があり、より早く治るのと同じように、健全な心があれば、悲劇的な事件や悪い知らせに対してもより耐えることができます。もし心が弱いと、こうした出来事により激しく、より長く動揺します。だからといって、生まれつきによって取り返しがつかないと言うのではありません。訓練によって、より健全な精神を得ることはできます。しかしここでも、教育、家庭環境、社会、宗教、メディア、その他多くの要素が、決定的な役目を果たします。

もし劇的な出来事を経験したら、あなたの不安や心配は、まったく必要のない追加的な苦しみだと意識しなさい。あなたの問題を話し、遠慮や、恥ずかしさからそれを隠しておくのではなく、さらけだしなさい。その事件は過去のもので、未来に引きずっていっても何にもならないと、自分に言い聞かせなさい。人生のより肯定的な面に心を向けなさい。

苦しみの現われ方についても考えなさい。人に悪いことをする人は、無知、憎しみ、欲望の心の三毒に駆られており、自分の心をコントロールしていません。私たちは全員、この三毒を内に持っています。それが私たちを支配すると、私たちも同じ悪事を犯します。逆に犯罪者でも、ある日自分の否定的感情をコントロールすれば、善人になります。誰に対しても最終判断は下せません。

感情とか状況の影響で、普通には考えられないことをすることがあります。人種差別や国粋主義といった無意味な概念の空想によって、先天的な犯罪者ではない人が、非常に暴力的な、非常に残忍な行為をすることがあります。私たちが人から害を受けたとき、そのことを考えましょう。私たちの苦しみは、数多くの要素の巡り合わせの結果であり、その責任を一人の人、一つの原因に帰することはできない、と結論せざるを得ないでしょう。これは別の観点から問題を見るという態度です。

# 内気な人に

私たちは、見知らぬ人を前にすると、極度につつましやかな、遠慮した態度をとることがあります。これは理屈の通ったふるまいではありません。実際、人との接触を恐れる理由は何もありません。相手も私たちと同じ人間で、同じことを望み、同じことを必要としていることがわかれば、気づまりをときほぐし、対話することがたやすくなります。

私自身が用いる方法としては、誰か初めての人と会うときは、相手も一人の人間で、私と同じように、幸せでありたいと願い、苦しみたくない人だと言い聞かせます。年齢、体格、肌の色、地位は関係なく、私たちの間には本質的な違いは何もありません。そうすれば、私は彼に、自分の家族の一員のように自分を開くことができ、気づまりはなくなります。

往々にして内気は、自信のなさと、形式と社会慣習に対する過度の執着に由来します。人は人からこう見られたいというイメージの虜《とりこ》です。理にかなった行動ではありませんが、私たちの自然の傾向として、ときとして必然的にそうなります。急な尿意を催したときには、しばらくはなにごともないように振る舞えますが、いつまでもそうはいきません。私の子供時代には、長い法要の間、手本を示す立場にあったので、次の休憩時間を待たねばならなかったのですが、私は先生にちょっと席を立ちたいと躊躇なく言っていました（笑）。

また、自衛の気持ちや自意識過剰で内気になることもあります。しかし逆説的に、自分を守ろうとすればするほど、自信をなくし、内気になるものです。逆に、愛と思いやりを見せて、相手に自分を開けば開くほど、自分に脅迫観念がなくなり、自信が出てきます。

# 優柔不断な人に

人生においては、決断をするのには最低限の勇気が必要です。衝動的に決断することはよくありませんから、状況を正しく判断し、私たち以上に思慮深い人に相談したりするあいだ、ある程度の優柔不断は必要です。ある程度までは、優柔不断は役に立ちます。しかしいったん可否がはっきりしたら、どんな問題に直面しようと、決断する力を持たねばなりません。

私自身、自分の助言をたえず実行していないことを認めます。カシャ（亡命チベット政府の閣僚会議）のメンバーとの会議で、時事問題に関して決断することがありますが、昼食後に別の考えが浮かんで、「別の決断をした方がよかった」と思うことがあります（大笑）。ですから私は、大して助言できません。

# 自己嫌悪の人に

自己嫌悪は非常に否定的な態度です。表面を少しはがせば、この憎しみの感情は自分をあまりにも高く評価しすぎていることの結果です。何としても最上でありたいと思い、この自分の理想的なイメージに何か小さなことでも欠けると、それが我慢できません。これは一種の傲慢です。

最初に自己嫌悪のことを聞いたときは、非常に驚きました。どうして自分を憎むことができるのか不思議でした。すべての人間は自分を愛しますし、動物でもそうです。考えた末に、それは一種の激化した自己愛だと思いました。

はっきりしていることが一つあります。自分に親切でなくては、他人にそうあることはできません。他人に愛情と優しさを感じ、彼らが幸福で苦しまないことを望むには、同じことをまず自分自身に願わねばなりません。こうして他人も同じ思いを持っていることがわかり、愛とか思いやりが可能になります。自分を憎むとき、他人を愛せません。そして態度を変えるために何もしなければ、心の平和と喜びを見出すチャンスはありません。人生が台なしで、愚かなことです。こう言うべきではないかもしれませんが、それが事実です。

自己嫌悪を直すために、あなたが持っている自分の誤ったイメージを自覚しなさい。そしてあなたの本質的な人間的資質にもとづいた、本物の、健全な自信を育てなさい。謙虚で、もっと他人に目を向けなさい。

# アルコール・麻薬依存症の人に

酒を飲んだり、麻薬を吸う人は、一般に自滅するということはわかっていますが、自分の中にそれを止めるのに必要な決心がありません。この弱さは、先ほど話した心的外傷に対するもろさと一緒で、往々にして私たちの性格の一面です。

麻薬が健康を害し精神を混乱させることは、誰でも知っています。一時的に恐怖や不安を鎮めることはできますが、苦しみをなくすことは不可能です。かりそめに覆い隠すだけです。苦しみに打ち克つには、まずそれが何であるかを見定め、その本質と原因を認識する必要がありますが、麻薬で混乱していてはできません。

BBCテレビのドキュメンタリーでロシアの若者が、麻薬の喜びは、人間にとっても動物にとってももっとも強いとされている性的喜びを、はるかに凌ぐと語っていました。麻薬がその危険を忘れさせる力を思い知らされます。忘却と混乱が、どうして私たちを問題から解放してくれるでしょう。私はよく冗談で、私たちの心はすでに十分に錯乱の虜になっているので、それをもっと足したり加えたりする必要はない、と言います。

教育やまわりの支援、麻薬の悪影響の明晰な分析が、克服するのに必要な力を見つける手だてになるでしょう。必ず苦しみに終わる、まがい物のつかのまの幸福を急いで探さず、状況や外的要因に左右されない内面の平和と幸福を、あなたの中につちかいなさい。若者への助言で言いましたように、あなたの善さそのものを拠りどころにし、あなたの本性に自信を持ちなさい。自立することを学びなさい。もっと他人に目を向けなさい。利他主義とともに大きな勇気が湧いてくると確信します。

# 恋愛の虜になった人に

一般に人や物に貼る善悪および美醜のレッテルは、欲望によって決まります。愛するものはよいと言い、嫌いなものは悪いと言います。それは心が作り上げるものです。もし美が対象そのものにあれば、私たちは全員抵抗できずに、同じ人や同じ物に惹かれるでしょう。

同時に私たちのすべての感覚を集中させる性欲は、私たちに格別強力な影響を及ぼし、本質的に私たちの知覚を変容することができます。恋愛しているときには、相手の男性や女性はすべてにおいて完璧で、不変で、永遠に愛するに値すると思えます。その細部の一つ一つに格別な雰囲気があります。彼あるいは彼女なしには生きられないと思われます。

残念ながら、すべては本質的にうつろうもので、素敵だと思うことも、ほんのささいな言葉とかしぐさの結果、突如その魅力をなくします。さらに悪いことには、完璧だと思えた人が他の人を愛していることがわかると、その人は突如としてまったく憎しみの対象になります。

もしこのたぐいの執着が重荷なら、くつろいで、いろいろと違った角度から状況を吟味しなさい。すべては変化し、いいことも心地よいことも心が作り上げるものにほかならないことを思いなさい。そうすれば別の見方ができるでしょう。ときとして、あなたの恋愛の相手が浮気していると突然知ったら自分はどう思うかと考えたり、あるいは、相手があなたが抱いている理想的なイメージと、まったくかけはなれていることをしているのを想像するだけで十分です。

本当の愛と執着を区別しましょう。前者は、理想的には何の見返りも期待せず、状況に左右されません。後者は、出来事や感情しだいで変わります。

愛情関係に関しては、性的魅力が大きな部分を占めるでしょうが、互いの選択が肉体的な魅力だけではなく、相互理解と尊敬にもとづいていなければ、本物で持続的とは言えないでしょう。

# 口の軽い人に

現実をあやまって理解したり、嘘をつく気がなくても、それを言葉にすることがよくあります。チベットでは、大きな魚を見て、どのくらい大きかったかと聞かれた男の話をします。彼は話に身ぶりを添えて、本当に大きかったと言います。他の人が問いつめます。正確にどれくらいだったか。魚の大きさは小さくなりました。本当のところ、どれくらいだったのか。こんどは、魚は本当に小さくなりました。その人が最初に嘘を言っていたとは言えません。彼は、自分が言ったことに注意していなかっただけです。おかしなことですが、そんなふうに表現する人がいます。チベット人はこうしたことによく慣れています。何か言うときには、証拠を提示する必要はありませんし、誰もそのニュースが、どこからどうしてやって来たかを知りたがりません。こんな人は、自分の言うことにもっと注意を払うべきです。

ある見方によれば、あまり話さず、重要なことがあるときだけ話すのはいいことです。イルカとか鯨は複雑な交信手段を持っていますが、言葉は人間特有の、格別なものです。しかし言葉を注意深く検討すると、非常に限られたものであることがわかります。私たちが使う概念と用語は人工的にものごとを分離し、それらが指す対象はたえず変化し、数えきれない原因と条件に由来する無数の面を持ちます。現実の一面を指すとき、その他すべてを心理的に排斥し、その物にしか適用せず、その物を認知できる言葉で、選ばれた対象を指示します。それから、その物の用途に従い、これはよい、あれは悪いといった具合に区別します。

しかしすべてのものにこうした個有の属性をあてはめることは不可能です。そこから生まれるのは、よくて部分的な、悪ければ完全に誤った現実の把握です。言語がいかに豊かでも、その力は非常に小さなものです。ただ一つ概念的でない経験だけが、ものごとの本当の性質を知覚させてくれます。

この言葉の問題は、たとえば政治などの多くの分野に現われます。政治家は、多くの要素が絡んだ複雑な問題に対して単純な計画を練り上げます。彼らは、マルクス主義、社会主義、自由主義、保護主義といった概念と言葉によって、解決が見出せるかのごとく振る舞います。ある状況を引き起こす無数の原因と条件の中から、一、二を抽出し、他は考慮に入れません。彼らはけっして正しい解答を得ませんし、誤解もありえます。私の考えでは、それが問題の源です。しかし残念ながら、言葉と概念を介する以外に方法がありません。

それが有益である場合を除いて、言葉は用いないほうがよいというのが私の結論です。本当の必要がないのに多くを話すのは、庭にたくさんの草をはやすようなものです。もっと少ないほうがいいのではないですか。

# 他人を非難する人に

一般に、ある人が私を批判し罵倒しても、その人の意図がよいものであるかぎり、私は喜んでそうしてもらいます。もし私たちが誰かに対し欠点を見つけて、それでもすべてうまくいっていると言っても、まったく意味のないことで、何の助けにもなりません。ある人が後ろを向くとその人の悪口を言うのに、面と向かっては彼がしていることは深刻な問題ではないと言うのも、よくないことです。考えていることは面と向かって言いましょう。はっきりさせましょう。偽者と本物を分けましょう。懸念があるなら、言いましょう。ちょっと厳しい言葉でも、言いましょう。事態がはっきりしますし、かげ口は意味のないことです。心にもない儀礼ばかりだと、嘘の噂が生まれるもとです。個人的には、単刀直入な言葉が好きです。

ある日ある人が、私に言いました。「毛沢東によれば、あえて考え、話し、行動しなければならない」。確かに、働き、何かを企てるのには考えなくてはなりません。考えていることを言い、言うことを実行する勇気を持たねばなりません。誰も行動しなければ、進歩は不可能ですし、あやまちは訂正されません。しかし、言うことと行なうことが何かの役に立つかどうか、自問しなければなりません。どれだけ意図がよくても、言葉で誰かを傷つけたり、何の役にも立たなければ、あまりに激しくて直接的な方法は、その目的を達成したことにはなりません。相手はひょっとしたら、思いやりからの嘘を必要としているかもしれません。

小乗仏教の教えでは、殺人、盗み、性的不品行、嘘、中傷、激しい言葉、とりとめもない言葉といった、身体および言葉による七つの否定的な行為は禁止されています。

逆に大乗では、利己主義的な欲望によるのではなく、人の幸福に絶対必要なら、殺人というような否定的な行為も認められます。いずれにせよ、私は一般に真実を言う必要があると思いますし、表現は厳しくても、役に立つと思います。しかし、悪意をもって、ものごとの否定的な見方でもって、誰をも、どうにでも批判したり、罵倒したりするのは避けねばなりません。この場合、言葉は人を苦しめますし、自分も気分が悪くなり、その雰囲気は息がつまります。

# 他人を苦しめる人に

ときとして私たちは、人が苦しむとは知らずに、無知から人を苦しめます。たとえば、動物も喜びと苦しみを感じると意識することはまれです。私たちは、自分が経験しなければ、仲間の苦しみを本当に理解することはできません。当然のことに、苦しむのは彼らであって、私たちではありません。「打たれたり、侮辱されたりすると、こう苦しみ、ああ苦しむ」と言ったところで、彼らが感じることがわかるわけではありません。

なかには、他人に犯す害をまったく気にしない人がいます。彼らは、大切なのは、自分が被害をこうむらないことだと考えます。またしても、無自覚の問題です。人を苦しめれば苦しめるほど、自分自身の苦しみの種をまくことになります。加えて、社会に害を及ぼしますから、二重に自分を害します。

もし人に悪いことをしたら、後悔しましょう。あやまちを認めましょう。でももうこれで普通の生活はできない、と自分を非難することがないように。しかし自分のしたことは忘れないようにしましょう。意気消沈したり、打ちのめされたりしないように。無関心でいること、つまり忘れることはないように。しかし自分を赦しましょう。「過去にあやまちを犯しましたが、もうしません。私は人間です、自分のあやまちから自分を解き放つことができます」。希望を失うことは、自分を許さないことです。

できたら害を及ぼした相手に会いに行きましょう。彼らに真摯に言いましょう。「私はあなたに悪意を抱きました。あなたにたくさん迷惑をかけました。赦してください」。もし相手があなたの後悔を評価し、恨みが消えるなら、これは仏教で言う「修復懺悔」ではないでしょうか。しかし宗教概念を用いる必要はありません。苦しめた相手に手を差し延べ、まちがいを認め、真摯な後悔を述べ、恨みを鎮めればいいことです。もちろんそれが可能であるためには、両方とも心が大きく開いていなければなりません。

また故意に悪事を働く人がいます。社会の唯一可能な反応は、力によるものです。ヒトラーとかポルポトに対しては何ができるでしょう。

害を為そうという欲望は、生まれながらのものではないと思います。生まれたときからあるものではなく、後から出てくるものです。精神的創造物の領域です。ヒトラーは、ユダヤ人は排除しなければならない有害な人種だと考えるようになりました。この考えが、他の考えを凌駕するほど発達し、いっさいの思いやりの気持ちがなくなりました。一般に、敵などの相手のイメージはすべて空想に由来します。仏教では、この現象は、自然に存在するものと対比して、人工的とか被造的と形容します。考えが浮かび、それを真実と思い、それに大きな重要性を与えます。それにのっとって計画を立て、人に与える苦しみを考慮せずに実行します。

こうして誤っている人の態度を変えさせるには、まず彼らの深い人間性に訴えなくてはなりません。そして、少しでもそれをイデオロギーから分離する方法を見つけなくてはなりません。そのときはじめて、彼をさとすチャンスが生まれます。それがだめなら、力しかありません。しかしどんな力でもいいというのではありません。たとえ人がひどい犯罪を犯しても、たえず人間らしく扱わねばなりません。その人がいつか変わってほしいと思うなら、それが唯一の方法です。

怒りと憎しみに心が満たされていても、愛だけが人を変える究極の方法です。変わることなく、飽きることなく、この愛を継続的に示しなさい。あなたは彼の心を打つでしょう。長い時間がかかります。個人的には、私はできません。最初は親切であろうと努めますが、すぐに飽きて、言うでしょう。「残念だけど、仕方がない！」（大笑）。非常な忍耐がいります。しかしあなたの意図が完全に純粋で、愛と思いやりが変わらなければ、成功するでしょう。

# 無関心な人に

無関心、ことに他人に対する無関心は、最悪の欠点の一つです。隣人に何が起こるかを気にせず、自分のことばかりを考えるのは、世界観があまりに狭く、思考が狭量すぎ、内面が偏狭すぎるしるしです。受胎のときから、私たちは人に頼っています。世界の幸福、未来、今あるすべての便宜、使う道具、単純に毎日生き延びること、すべては他人の労働の結果です。祈りや精神修行も確かに影響を及ぼしますが、世界をかたちづくるのは、何よりも人間の活動です。

すべては、関係し、相互依存しています。それ自身で存在しているものは何もありません。ですから、他人から孤立して自分の利害を考えることはできません。私たちが一刻一刻することは、新しい状況を生み出し、それがまた新しい出来事の出現に寄与します。何をしても、いやおうなく因果の連鎖反応にかかわっています。同様に、この複雑な連鎖反応がわからなくても、未来の苦しみと楽しみは、現在の原因と条件の結果です。ですから、私たちは、自分に対しても他人に対しても責任があります。他人の幸福も、この先の自分の幸福の原因も気にかけない無関心な人は、自分の不幸を準備することしかできません。

# V

# よりよい精神生活のために

# 信者に

誰でも、信じるのも、信じないのも自由です。しかし宗教を持ち、その教えを信じる以上、それを大切にし、一日おきに信じるのはやめなさい。むちゃくちゃはしないで、言うことと考えが一致するようにしなさい。

なかにはこう考える人がいます。「仏教を信じるなら、それを全面的に、完璧に生きなければならない。さもなくば棄てます」。西洋人には、このすべてかそれとも何もなしかという態度がよく見られます。残念ながら、今日明日に完璧になるのは難しいことです。少しずつ訓練することによって目的に達するというのは、大切な点ではありませんか。「修行しようと、修行しまいと、何の違いもない。私にはできそうにない」と言わないでください。目的を決めて、それに達する方法を実行しなさい。少しずつ達成できます。

人には各々独自の性質とあこがれがあります。ある人に適することでも、他の人には適しません。他の宗教とか精神的な道を判断するとき、絶対に忘れてはならないことです。その多様さは人間の多様さに該当し、そうは見えなくても、多くの人がそこに大きな救いを見出しているのです。それを頭において、すべての宗教を尊敬しましょう。とても大切なことです。

もう一つ。すべての宗教には儀式があります。しかしもっと本質的な側面があります。たとえば仏教の大切な修行は心の統制です。しかしそれは難しくて、熱心な努力がいりますから、多くの人は二次的な重要性しか認めません。一方では仏教を信仰しているのに、もう一方では信仰を徹底できません。外面的な儀式、信仰の表面的な表わし方、口で唱えるだけのお経で満足しています。

チベット仏教の儀式では、太鼓、鈴、シンバル、その他の楽器を使います。それを見る人は、「これが仏教徒だ」と言います。しかし人は、幻覚の世界から心を遠ざける省察、愛、おもいやり、目覚めの心、全エネルギーを費すもっと深い修行には、あまり重きを置きません。本当のことでしょう。

キリスト教徒の間でも同じような現象があります。日曜日にミサに行き、目を閉じて早口に祈りを唱えます。しかし日常生活の困難に出くわすと、宗教とは相容れない考えが浮かびますし、信仰を表明したり、キリストの教えに合った態度を取ることができません。

すべての場合に言えることは、人は変わることなく、他の人と同じであるということです。儀式の間は信者であるけれど、信仰の目的を本当には実現していません。

宗教は治療に少し似ています。治療は病気のときには有効性を発揮しますが、健康なときにはそうではありません。すべてがうまく行っているときには、「この薬は素晴らしく、高価で、いい色をしている」と人に見せたりはしません。その外面はどうであれ、唯一の機能は病人を治療することです。病気のときに何の役にも立たないなら、それを見せびらかす理由はありません。

同じように、宗教とか精神的な道は、私たちの心が問題を抱えているときに役に立たなくてはなりません。すべてがうまく行っているときにそれを見せびらかし、問題が生じたときに、その宗教を実践していない人と同じなら、何がいいのでしょう。

大切なことは、受ける教えと修行を心の中で密接に融けあわせ、それを毎日の人生で修行することです。突然できるようになることではありません。訓練によって、少しずつできるようになります。

# 無宗教の人に

無宗教の人は非常に数多くいます。それは彼らの権利ですし、誰も彼らを変えられません。大切なのは、彼らの人生が意味のあること、つまり彼らが幸せであることです。他人に害を及ぼすことなく、幸福であることです。もし他人を苦しませて満足するのなら、遅かれ早かれ自分自身が苦しむことになります。

人の寿命の最長はだいたい百歳です。地質学的期間から見れば、とても短いものです。もしこの短い期間を悪事に費すなら、私たちの人生は何の意味もありません。誰もが幸福である権利があり、誰も他人の幸福を壊す権利はありません。人間存在の目的は、どんな場合でも人を苦しめることではありません。知識や富の頂点に立とうとも、他人に対する尊敬と思いやりがなければ、人間の名にふさわしい存在ではありません。できるだけ悪事を働かないで幸せに生きること、これが人間の権利ですし、達成するに値することです。

私たちの絶対多数にとって、幸福は物質的財産に依存します。しかしこうした財産は、それだけでは私たちを満足させてくれません。まわりを見ればわかります。望みうるあらゆる快適さをそなえていても、不安を鎮めるのに精神安定剤を飲んだり、酒に溺れる人がいます。逆に何も持たなくても、幸せで、くつろいで、健康で、長生きする人がいます。

繰り返しますが、もっとも大切なことは、感覚を直接的に下品に満足させることではなく、心を充足させることです。だから、善良であること、他人を助けること、欲望を控えめにすること、自分の境遇に満足すること、といったことは、宗教を実践する人にだけ関わることではありません。神に気に入られたり、よい生まれ変わりを得るための方法として話しているのではありません。内面の平和を身につけたい人は、そうせざるを得ないのです。

経済と技術の進歩に伴って、私たちはいっそう緊密に相互依存するようになります。私たちがすることは、遅かれ早かれ、世界に影響します。世界の状況は、今度は各人の上に幸、不幸といった形で降りかかってきます。昔のように、ものごとに対して限られた見方しかしなかったり、一要素、一原因、一要因だけを考慮に入れるということはできません。今日では、どんな状況でも複数の面から検討しなくてはなりません。
他人の幸福に身を捧げるために、自分の幸福を諦めなくてはならないとは言いません。両者は不可分だと言うのです。もし地球上のすべての人の平和と幸福に関心があるのなら、もっと広いものの見方を学び、一人ひとりの行動の重要さを理解しましょう。

地球上には約六十億の人間がいます。この六十億のうち、過半数は何よりも物質的な快適さに興味を示し、宗教や精神的生活にはほとんど関心を示しません。無信仰者が人類の絶対多数を占め、当然ながら彼らの考え方、行動の仕方が、世界の動きに決定的な役割を果たします。幸いなことに、人間的に行動するのには、宗教的信仰を持つ必要はなく、人間的であれば十分です。

動物でも、社会的行動をするものはほかのものをまわりに引きつけますし、暴力的なものはほかのものを追い払います。犬が攻撃的であると、ほかの犬は、もっと大きな犬でも、遠ざかります。

人間はもっと極端です。自己制御して、気だてがやさしく、言葉遣いが感じのいい人は、自然にたくさんの友だちができます。彼らといると気持ちがよく、動物も近寄ります。どこにいようと、心地よい雰囲気を作り出し、離れたくなくなります。

逆に、私たちが考えを制御せず、言葉が攻撃的で、行ないが暴力的だと、人は私たちを避け、見るだけで気分が悪くなります。人は私たちの言おうとすることに関心を示さず、話そうとすると横を向きます。そんな私たちと一緒にいて、どうして楽しく、幸せでいられるでしょう。生活が困難になります。そうでしょう。

地球上にこれだけたくさん人がいるのに、一人ひとりは自分しか見ません。食べるのにも、着るのにも、社会における位置を得るのにも、有名になるのにも、他人に依存しているのに、これだけ緊密に関わりのある人を敵と見なします。これは驚くべき矛盾ではありませんか。

しかし行動や考えで他人のことを心配すれば、あの世のことは別として、この世で私たちは幸せになれ、くつろげます。そして、困ったときには誰かが話しかけてくれ、助けてくれます。敵も友だちになります。

自分のことしか考えず、人を敵対者と見なすと、私たちだけが責任を負う不条理な難しさに直面します。近代生活では、競争なしには人生は不可能に見えますが、人を押しつぶさなくても、より上手にやれます。

# 宗教者、僧侶、神父に



宗教者の大半は家庭生活を放棄します。理由は異なりますが、多くの宗教で独身であることは重要と見なされます。仏教によれば、悟りを開くためには、もっとも粗野な精神的な毒から解放されねばなりません。私たちを輪廻、すなわち生まれ変わりの連鎖に確実に引き込む毒の主要なものは、欲望です。もし、私たちを輪廻に束縛する諸々の過程である十二の相互依存の繋《つな》がり［縁起］を調べてみれば、欲望およびそのはたらきがなければ、過去の業《ごう》は効力を持ちません。

いろいろな欲望の中で、性欲がもっとも強いものです。というのは、それは、形、音、匂い、味、感触という五感の対象すべてに対する同時的執着を伴うからです。ですから欲望に対処しようとするなら、まずもっとも激しいものから手をつけます。そうして、粗野なものから繊細なものに取り組みます。こうして欲望を減らし、充足をつちかいながら、非執着の道を進みます。これは仏教の見方です。他の宗教は、それぞれ独自の説明を持っています。

実際上、独身を規定する誓願は、それを立てる人を縛りつける絆の一部から、彼らを解放します。僧侶や尼僧は、世俗生活から解き放たれ、人目を気にする必要がありません。服装に費用はかかりませんし、物質的必要も最低限ですみます。

結婚していれば、望むと望まざるとにかかわらず、人はいくつかの社会的心配事の虜になります。一人のときより出費もずっと嵩《かさ》みますし、使えば使うほど、よけいに働き、計算し、計画しなくてはなりません。もっと働いて、計画すればするほど、逆境に直面し、他人を害する行動を取ろうと思うようになります。家庭生活を棄てて、たとえば一日に五回か六回祈り、読み、瞑想し、世俗的な活動や目的をほとんど持たないキリスト教の尼僧、僧侶のような世捨て人の生活に移ることには、大きな利点があります。

死ぬときに、世捨て人はいっそう心静かです。他の人は往々にして多くの心配事があります。「子供はどうするだろう。どうして学校に行くだろう。どうやって生活していくだろう。妻はどうなるだろう。年とった夫は私なしでどうしていくだろう。若い妻は別の男と暮らすだろう」。こうした気苦労は、死ぬときにはないほうがいいのではないですか。

多くの国では、父親が家族の唯一の支えです。彼が死ぬと、妻は貧しくなり、どうして生活していくか自問します。子供がいれば、状況は悲劇的です。

結婚前はまだ配偶者を見つけていないので、そのことにだけ気を取られています。結婚しても、心はより静かにはなりません。夫は、妻が言うことを聞いてくれるかどうか自問し、妻は夫にまだ気に入られているかどうか自問します。複雑です。

結婚そのものも、多くの費用がかかります。式は豪華でなければなりません。インドでは、それに富の相当部分を費します。食べる物を節約してまで貯えます。式が終わると、子供ができなくて苦しむ人もいれば、子供はできても、ほしくなくて、中絶する人もいます。

こうした悩みは避けたほうが平穏ではないですか。僧侶と尼僧は、ときとして夫婦として生きたほうがいいのではないかと自問しますが、彼らはこの考えから解放されています。このほうがより穏やかではないですか。独身生活のほうがより平静です。

なかには私の見方は利己的だと思う人もいるでしょう。私はそうは思いません。結婚する人は、自分のためにするのであって、人のためではありません。それでも失敗する人はよくあります。たとえばキリスト教の尼僧とか僧侶のように、独身の誓願を守る人は、他人を助け、病人の世話をするのに、全面的に自分を捧げられます。夫も、子供も、家族もなく、全時間を貧しい人のために捧げたマザー・テレサのことを思います。家族がいると、ずっと難しくなります。その気はあっても、家事があり、子供は学校に行くし、その他諸々のことがあります。

我々の亡命政府が僧侶をどこかに仕事に送ろうとすると、彼は即座に行くことができます。外国に行くようにと言っても、問題はありません。帰ってくるようにと指示すれば、すぐに戻って来ます。同じことを商人に頼んでごらんなさい。ことはもっと複雑です。たぶん、「店を開いたばかりなので、残らなければなりません。すみません」と言うでしょう。

今度は人を教育する僧侶のことを話しましょう。ツォンカパ［一三五七―一四一九。チベット仏教ゲルク派の開祖］の言葉ですが、どんな精神的な道を歩もうとも、自分が変わらずに、他人を変えようとするのはよくありません。たとえば、もし怒りの悪い影響を教えるのなら、自分が怒ったりしてはだめです。そうでなければ説得力がありません。欲望の節度と自足を教えるにしても、同じことです。

このことについて、私が知っているラマがこう書きよこしました。ネパールではこの三十年来、チベット人は多くの寺院を建立しました。お堂は立派で、高価な仏像があります。しかしこの間にチベット人は一つの学校も、一つの病院も建てませんでした。彼らの立場であったら、キリスト教の神父はそうはしなかったと思います。若いラマは、普通に僧衣をまとっていますが、夕方になると、背広を着て世俗のレセプションに出かけ、重要人物か裕福な実業家のように振る舞います。ブッダも同じようにしたかどうか私は自問します。彼らはこれ見よがしにロ一レックスの時計をつけています。ところで私も、ロ一レックスを一つ持っています！（大笑）。ラサを逃げ出たときから持っていますが、腕輪だけが本物ではありません。このラマは、若いラマはロ一レックスの金時計をして豪華な車に乗り、みじめな乞食に会うと見向きもしない、と書いています。

それは事実です。ブッダは謙遜と他人への献身を説きましたが、私たちはそれを聞き容れません。私の意見では、これは報道がその欺瞞を告発するとよいケースです。それが、なすべき唯一のことです。

ブッダは、相手の必要に応じて教え、教えることと自分は一致しなくてはならないと言いました。人に教えを垂れる前に、自分で実行しましょう。

# 瞑想家に

他の宗教同様、仏教にも思弁的に学習され、先生から弟子に伝えられる教えがあります。しかし、生きた経験によって、これらの教えに価値を与えるのは瞑想家です。多くはありませんが、彼らはまさに修行の「勝利の幟《はた》」を掲げています。精神的静寂と、深いビジョンによって、瞑想的経験と内面における実現を達成します。理論的な知識はそれによって生を与えられ、さもなくば神秘的で人工的な性格のものにとどまります。彼らを激励しなければなりません。

# 篤信家に

すべての宗教で信仰が大きな役割を果たすことは疑いがありません。しかし、信仰には有効な理由による動機づけがなくてはなりません。二世紀のインドの偉大な哲学者ナーガールジュナは、知識と信仰は相伴ってあるべきものだと言っています。仏教では、信仰はよい生まれ変わりの源であり、知識は悟りの源であると見なしていますが、「信仰は明晰な知識に由来する」とも言います。ということは、どうして信じるのかを知らなくてはならないということです。

仏教では、信仰に三段階あります。インスピレーション、欲望、確信です。インスピレーションの信仰とは、テキストを読みながら、あるいは格別の人に会って、あるいはブッダのことを聞いて感じる称賛の一種です。欲望の信仰には競争の概念があります。知ろう、深めよう、称賛するものに似ようと心がけます。この二種の信仰は不安定で、本当の知識に立脚していません。確信の信仰とは、自分が目指すものが可能であるというはっきりした理解にもとづいています。それは理性に依り立っています。経典の中で、ブッダは弟子に、自分が言うことを盲目的に信じてはならず、金細工師が金を熱し、打ち、引き延ばして金の純度を吟味するように、その言葉を検査しなくてはならないと言っています。

信仰についても、問題は同じです。確固たる立脚点がなければ、それははかないものである危険があります。チベット人仏教徒もその他の仏教徒も、先生を非常に崇拝します。しかしこの先生が死ぬと、崇拝は突然消え去ります。すべてが終わりで、布教センターも閉じます。しかし、絶対的な見地からは、先生が肉身でいようといまいと何ら変わりありません。先生は心の究極の性質を表わし、その思いやりは距離によって限定されません。先生のこの次元を理解する人は、先生の人間としての形に執着することはあまりないでしょう。そういう人は、先生は人間の身体を去っても、絶対身の領域から、その祝福と活動はたえず届いていると知っています。先生が私たちの間にいようがいまいが、何も変わりません。彼を瞑想することは、常に可能です(1)。

もし、先生がこの世を去ったら、私たちの崇拝の対象はもうないと思うなら、その崇拝には執着が伴っているのです。先生に対して、同行者、普通の人、配偶者、近親者のように執着していたのです。この場合、彼は死ぬと、まさに消えてなくなり、私たちはどうしていいかわかりません。感じていたのは、たぶん本当の崇拝ではなかったのです。

（1）金剛乗では、弟子が親密な関係を結ぶ本当の先生は、弟子に自分の本当の性質を教えることが唯一の目的である。最初の時点で、先生に対する信仰は、弟子をより深い現実に開くことを可能にし、弟子の心を熟させることを可能にする。道の終着点では、先生と弟子は一つである。弟子は自分の心の本当の性質を発見する。それはブッダの「絶対身」、はじめから存在している知識、思いやりにほかならない。先生の外側の形に捕われる人は、この現実を理解せず、先生との関係から、普通の人との関係以上の何ものも得ることができない。

# 宗教にたいして偏狭でない人に

　私には、宗教に対して偏狭ではない二つのあり方があります。一つは、すべての宗教を尊敬するということです。たとえば私は仏教徒ですが、キリスト教とか他の宗教も高く評価しています。

　もう一つは、他の宗教を尊敬することで満足すると同時に、それらを実践してみたいと思うこともあります。こうして同時にキリスト教と仏教を実践する人がいます。ある程度までは、それは完璧に可能です。

　しかしもう一歩進むと、それは難しくなります。「空」とか、すべてのものごとの相互依存性を深めると、(1) 創造主であり、独自に存在し、不易である神を認めることは難しくなります。同様に、宇宙の創造主である神を信じる者にとっては、相互依存性は問題です。あるレベルからは、宗教の本質に触れ、言ってみれば専門化する必要が

あります。かといって他の道を尊敬することをはばむものではありませんが、同時に修行することは難しくなります。(2)

それ以外に、仏教には「帰依《きえ》」という特殊な修行があります。ブッダに帰依したときに、ジレンマに陥ることなくキリストに帰依できるかどうか、私にはわかりません。この場合には、キリストを菩薩の権化《ごんげ》と見なすのがいいでしょう。

(1) 仏教でいう「空《くう》」とは、無ではなく、何一つとして固有の現実を持っていないという単純な事実である。相互依存性は、空と密接に関連して同義語として使われるが、現象は他の現象に依存してしか存在せず、何一つとしてそれ自体の原因ではありえなく、ことに何か一つのことがらだけで、ものごとが生起することは論理的に不可能である、ということである。

(2) ダライラマは、神の概念を無限の愛と理解すれば、仏教徒にとって問題はないと言う。主因と考えれば問題になる。その理由は、Matthieu Ricard, Trinh Xuan Thuan, L'Infini dans la paume de la main, Nil, 二〇〇〇年、参照。

# 仏教徒になりたい人に

一般に、両親の宗教が私たちの一人ひとりにもっとも適したものだと思います。さらに、宗教的な道に入って、それから変えたりするのはいいことではありません。

今日多くの人が宗教性、ことに仏教に興味を示しますが、自分が何に足を踏み入れることになるのかを、十分注意して検討しません。まずあなたが選ぶ道が、あなたの性質や求めるものに実際に対応しているかどうかを確かめる必要があります。それを実践することができるかどうか、どんな利益があるかどうかを自問しなさい。その基本的な教えを勉強しなさい。実際に修行してみなければ仏教のすべてを知ることはできませんが、その肝要なところは十分知ることができます。そして真剣に考えなさい。この検討の後に、仏教を取り入れようと決心するのであれば、申し分ありません。そうしたら、さらに歩を進めて、必要なら誓願も立てなさい。

仏教にはいろいろな瞑想があります。分析的であったり、一つのことに集中したり、非概念的であったり、深い没入であったりします。その対象は、無常、無我、苦、愛、思いやりであったりします。しかしそれを正しく行なうには、経験を積んだ、信頼に値する先生の指導が必要です。

あなたに仏教を教える先生は重要な役割を果たします。ですからあなたは、正当な先生の資質が何であるか、先生がそれをそなえているかどうか、あなたがその先生に本当に師事する気があるかどうかを知らなければなりません。

要するに、慎重に行動しなさい。考えずに、何も知らずに、ただなりたいという願望だけで仏教徒にならないように。さもないと、後になって、この修行は向いていない、この修行は無理だということになります。

なかには、あるラマがどこかで教えていると聞くと、そこに駆けつけ、彼のことを何も知らずに、彼が必要な資格をそなえているかどうかを確かめずに、彼を信用する人がいます。少したって、ラマに欠点があることに気づきます。ここに来た数人のアメリカ人が同じことを言いました。ラマが近くに来ていると聞くと、彼を知らずに、即座に彼を信用します。教えを受け、灌頂《かんじょう》を受け、そうしてある日、彼らの態度は正反対になります。怒り猛って、このラマはガールフレンドに性的ハラスメントをしたと叫び、その勢いで、仏教全体までが悪いと叫びます。彼らは無能なラマの手にかかって、正当な教えの信用を失墜させる人で、彼らの不運の責任はブッダにあると主張します。何ということでしょう。彼らの態度はまちがっています。足を踏み入れる前に、調べてみる必要があります。

先生を事前に吟味するというのは、重要な段階で、仏典の中によく記されています。考えずに先生と絆を結ぶと、選び方をまちがえた先生の欠点が表面化すると、大惨事のように思われます。しかし、誓願を立て、灌頂を受けた以上は、悪い考えは持たないほうがいいでしょう。

すべての人は、誰であれ、長所と欠点があります。仏典には、精神的な師は私たち以上の資質を持たなくてはならないと記してありますが、それはどういうことでしょう。ある特殊な教えの非常に稀な口伝《くでん》を受けた人がいると仮定しましょう。彼にはとりたてて知識がなくても、この伝承に限って言えば、彼は私たちが持っていないものを持っており、その意味で彼は優れています。

もし精神的に結ばれ、教えを受けた先生が、悪い先生だったとしましょう。彼はそれにもかかわらず、感謝に値します。悪い先生であっても、彼を普通の人と見なしたり、もっと悪いことには、急に嫌ったりするのはふさわしいことではありません。後悔したところで、彼を精神的な師として師事したのですから、正反対の態度をとるのはやめましょう。

だからといって、彼から教えを受け続けなくてはならないというのではありません。もう彼に会わなくても、それは私たちの自由です。誰かからブッダの教えを受けたら、一番いいことは、できるなら、その人に信頼を持ちつづけることです。もしそれができないなら、よい考えも、悪い考えも持たずに、中立でいなさい。

もうひとつ。仏教を修行するからといって、空を飛び、物質を通り抜け、未来を知ることができるようになると思わないように。修行の目的は、心を制御することであり、奇跡的能力を身につけることではありません。心を制御すると、少しずつ、副次的に、「奇跡的」といわれる力を獲得することがあります。しかしそれを一番の目的とするならば、あなたが修行するものは仏教とは呼べないと思います。非仏教徒も、こうした能力をそなえています。あるとき、ＫＧＢもＣＩＡもそれに興味を持ったようです。警戒しなさい。

# 仏教の実践者に

精神的修行では、最初は勇気いっぱいですが、次に結果を期待し、最後にいやになりうんざりすることがよくあります。あまりにも近視眼的な証拠です。偉大な修行者ミラレパ［一〇四〇―一一二三］のような努力をしないかぎり、早急な結果を期待するのは誤りです。ブッダは完全な悟りを開くのに、三「大劫《だいごう》」（非常に長い時間の単位）かかった、と仏典が述べているのは意味深長ではないですか。数年間瞑想をしただけで達成できるなどと、どうして考えられますか。教えを知らない証拠です。三年のあいだ鈴を鳴らしていればブッダの境地に達すると言い張ることは、ときどき人はそうしますが、真剣なことではありません(1)。

仏教の修行に熱心なのはいいことです。しかし、ブッダは三大劫のあいだに功徳と智慧を積んだと言われるとき、究極の悟りに達するのに、これだけの時間がかかったということを考えましょう。大乗によれば、ブッダはずっと以前から、智慧の身体において悟りを開いていたと言います。次に出現の身体をとり、そこで初めて最初から悟りの過程を再開するかのようにしました。しかしまた、どうしてそうしたのでしょうか。彼の足跡を追おうとする私たちは、彼はその最後の生涯においても六年の苦行をしたということを、けっして忘れないようにしましょう。そうすれば、たぶんあまりに近視眼的な見方をしなくなるでしょう。

金剛乗における早い道では、否定的な感情を捨てることなく、非常に迅速にブッダの境地に達することができると言いますが、それは本当です。しかし、危険が伴います。ミラレパの伝記の中で、一人のラマが彼にこう言います。「私の教えを日中瞑想する者はその日のうちにブッダになり、夜瞑想する者は夜のうちにブッダになる。恵まれた業をもった幸運な者は、瞑想する必要がない」。自分が幸運な者のひとりだと確信したミラレパは、眠りました。もしこのたぐいの誤解をすれば、最初は興奮しても、すぐに飽きるでしょう。逆に熱情が、道のはたらきについての正しい知識にもとづくものであれば、それは弱まらないでしょう。そのことを理解することは大切です。

もうひとつ、宗教は人間の美点を引き立たせるのに役立つ戒律とか道徳律を教えます。なかには、ことに仏教に対しては、この道徳的な面を無視して、瞑想にしか興味を示さず、そこから奇跡的な効果を期待する人たちがいます。そんなことは起きないとわかると、彼らは当然ながら失望します。

繰り返しますが、修行の目的は、奇跡的な能力を獲得することではなく、自分を変革することです。主たる問題は、それに必要な時間を費す用意が私たちにないことです。ブッダは数劫かかったけれども、私たちは二、三年で達成できると思っています。ですから、私の考えでは、大乗が必須です。大乗をよく知り、金剛乗にますます興味を持てば、三劫かかろうとも、続ける決心がつきます。こうした勇気をそなえれば、精神的落ち着きと深いビジョンを容易に獲得する方法として、金剛乗を実践できますし、成功する確率がきわめて高いでしょう。

逆に堅固な基礎を持たずに、急いで金剛乗に突入すると、よく言われるように、「今生で、この身体で」、問題なくブッダの境地に至れると思い込みます。また瞑想する幻想の神を宇宙の創造主と混同し、その神から能力、長寿、富などが得られると思い込みます。(2)

この場合、自分の心を制御し精神的な毒から自分を解き放つという、修行本来の目的に打ちこまず、副次的なことに重要性を見出します。

なかにはブッダの教えをこれといって信仰せずに、純粋に学問的な興味を持つ人がいます。また別の人は、この教えを信じますが、それを知的に勉強し、理論的な知識を得るだけで満足します。問題は、この教えの唯一の目的は、私たちを変容させることであり、知識を増やすことではないということです。もしそれを知ったとしても、瞑想によって実践しないなら、何にもならないのです。ブッダの教えを理論的に知っていて、話すことはできるけれども、それを生きた実践に移していないので、その「味」を知らない、いわゆる「うんざりした仏教徒」になる危険性があります。逆に、この教えを自分の内に実践する人は、その本当の味を知りますから、うんざりする危険性はありません。ですから教えを密接に心に融け合わさなくてはなりません。知識と実践は、ともにあるべきです。

瞑想生活を知り、チベットで伝統的に行なわれていた三年の瞑想のような長い瞑想をしたい人は、「準備」[3]によって十分にその支度をしなくてはなりません。

精神的な道に心を向けるこうした修行を正しく積まずに、密室に閉じこもるのは、監獄に入るのと大差ありません。瞑想のとき、何も考えずに真言を唱えるだけなら、瞑想は大した役には立たないでしょう。始めるときは普通の人で、終わっても、何も変わっていないでしょう。さらには、三年瞑想に籠って、ラマの称号を得たのであれば、以前より傲慢になるでしょう。何の役に立つでしょう。

逆に、周到に準備をして、定期的に本格的な修行に励んで、それから三年のお籠りをするなら、それが終わったときには別人のように考え、話し、行動するようになることはまちがいないでしょう。少なくとも、規律を身につけます。そしてそれはよいことです。

仏教徒として人道的な活動に奉仕したいというのはよいことです。あなたの意図が完全に純粋であるかどうか確かめなさい。しかし、愛と思いやりがなく、ブッダへの帰依がなければ、社会事業はそれ自体、仏教の明確な形態ではありません。(4)

ですから、あなたは帰依し、無常や苦といったことを瞑想する実践期間のために、あなたの時間の一部を費さねばなりません。

（1）仏教のもっとも深い一面である空あるいは智慧を象徴する鈴は、タントラ仏教の儀式では非常によく用いられる。ここではダライラマは、鈴に皮肉な意味あいを持たせている。彼は、教えの本質を理解せず、儀式だけで満足している者を批判している。

（2）金剛乗の修行者が瞑想する神は、自分の外にある神ではなく、自分の心を変容するために、自分の内面的現実、究極の性質を表現したものである。

（3）「準備」とは、「主要」とされる実践を受けたり、実践したりする準備を心にもたらす修行である。

（4）帰依は、仏教徒の基本的実践の一つである。それは、ブッダを案内人とし、その教えを道とし、実践者の集団を道の同行者と見なすことである。いっそう深いレベル、あるいは実践の進んだレベルでは、自分の究極の性質を、ブッダ自身と見なすことになる。

# 結語

今までのいくつかの助言は、抽象的で複雑な哲学的考察の産物ではありません。私が真心から思っていることで、自分の経験にもとづいたものです。

常識的に考えて、人生は短いですし、この短い地球上での滞在を、自分にとっても他人にとっても有意義なものにしたほうがいいでしょう。

逆説的ですが、人の役に立たずに、自分に役立つことはできません。望むと望まざるとにかかわらず、私たちは全員が結ばれており、自分だけの幸福を達成することは不可能です。自分のことしか考えない人は、苦しみのうちに人生を終えます。他人のことしか面倒を見ない人は、考えなくても自分の面倒も見ています。エゴイストであっても、賢くそうありましょう。人を助けましょう。

普通は、私たちは必須なことと副次的なことを区別しません。私たちは一生の間じゅう、たえず消え去り、私たちを満たすことのない喜びを追いかけます。他人を不幸にしてはいないかとは考えもせず、是が非でも幸福であろうと心がけます。私たちは、持続するわけでも、本当の幸福の源でもない所有物を、どんなことがあっても集め、守ろうとします。

私たちの心には、怒りや嫉妬、その他の否定的感情が住みつき、私たちはそれが内面の喜びや平和と相容れないものであることに気がつきません。人間の特性である知性は、策を弄し人を犠牲にしても、いっそう所有しようとします。結局のところ、私たちは苦しみ、不条理極まりないことに、それを人のせいにします。

分別を持って人間の知性を使いましょう。さもなければ、どこが動物よりすぐれているのです。

もし本当に人生に意義を持たせ、幸福でありたかったら、健全に考えることから始めましょう。混乱した考えとか、否定的感情に埋まっているけれども、だれもが本来持っている人間の特質を育てましょう。

愛と思いやり、人生に本当に意義を与えるこの二つを育てましょう。その他は副次的なことです。仏教以上に、私が説く宗教はこれです。それは単純です。その寺院は心です。その教義は、愛と思いやりです。その道徳は、誰であれ人を愛せよ、そして尊敬せよ。俗人であれ、宗教者であれ、この世界で生き延びるためには、これしか選択がありません。

善良であり、実直であり、肯定的に考え、害をなす人を赦し、誰でも友だちとして扱い、苦しむ人を助け、自分を人より偉いと思わないこと。この助言が単純すぎるように思えても、実践したならば、あなたはいっそう幸福になるかどうか、試みてください。

（ダラムサラにて、二〇〇〇年七月）

# 謝辞

この本の出版を可能にしてくださった以下のすべての方々に、個人的にお礼を申します。ダライラマの言葉を収録したマチウ・リカール、チベット語での対話に同席し、フランス語に訳したクリスチャン・ブリュヤに。ダライラマの通訳クショ・ラクドルは、より正確な翻訳のために、対話を筆記し、ダライラマが以前に述べられた助言で、本書のテーマと重なるものを、ダライラマの許可を得て与えてくださった。パリのチベット事務所のユトク夫人とワンポ・バシ、そしてこのプロジェクト実現のための手続きを容易にしてくださったシルヴィ・フェナールにも。

発行者　アラン・ノエル

# 訳者あとがき

二〇〇二年六月の中頃、パリの小さな本屋で偶然この本を手にした。ダライラマの名前が目に入ったことは事実だが、同時にマチウ・リカールの名も目にとまった。ざっと読んでみると、彼はこの本の構想段階から関与しており、ダライラマにインタヴューしたのも彼であり、フランス語への翻訳にも関わっている。

彼は、日本でもすでに知られている。『僧侶と哲学者』（新評論）という本が一九九八年に翻訳出版されており、その僧侶とは彼のことである。哲学者は彼の父で、この本は親子の対話でもあり、東洋と西洋、仏教とキリスト教の対話でもある。フランスではベストセラーとなり、大きな話題になった。

私はマチウ・リカールとは、一九八〇年代のブータン以来の知り合いである。当時彼は、ブータン王室が帰依したティンゴ・ケンツェ・リンポチェに師事して修行していた。ブータンの首都ティンプで、いろいろな機会に彼と出会うことがあった。ティンゴ・ケンツェ・リンポチェに師事する西欧人は多かったが、その中で彼は、私が嫌いな「キリスト教色」のない、例外的な存在であった。ティンゴ・ケンツェ・リンポチェ亡き後、彼はネパールにあるシェチェン寺院に住み、今も僧侶として活動を続けている。ダライラマの通訳としても活躍しており、忙しい生活である。

この本を読んでみたいと思ったのは、マチウ・リカールの名前に惹かれたところが少なからずある。読み始めると、文体は非常にやさしく、馴染みやすく、一気に読めた。ダライラマの助言は、非常に単純、明解、単刀直入で、良識に満ちている。それで、日本語に翻訳してみようと思った。

しかし、日本の読者を想定すると、不安が募った。日本の言論は、ややもすると挑発的で、知的で、抽象的で、難解で、ダライラマの口調とは好対照である。ダライラマの助言は、あまりにもやさしすぎ、もの足りなく思われるのではないかと心配になった。

しかし、ともかく訳し終えて、トランスビューの中嶋廣氏に訳稿をお見せしたところ、即座に出版したいとの、嬉しい返事をいただいた。私自身、嬉しさで一杯である。

訳文は、東寿賀子さんにも眼を通していただき、いくつかの助言をいただいた。マチウ・リカールと同じく、ブータンの切手のデザインの仲介をして以来、二十年来の知友である杉浦康平氏に装幀をしていただいたことは、非常な光栄である。

ダライラマの助言はたやすそうに見える。しかし、助言は頭で理解するものではなく、実践に移して初めて意義のあるものである。その意味で、この助言の一つでも読者に実践していただければ、訳者としてこの上ない喜びである。

二〇〇三年一月

# 解説

この本は、二〇〇〇年三月、インドのダラムサラで、マチウ・リカール（彼に関しては、訳者あとがき参照）がダライラマにチベット語でインタヴューするというかたちで実現した。原本は、二〇〇一年に出版されたこのインタヴューのフランス語版である。だからこの日本語訳は、厳密に言えば、チベット語―フランス語―日本語という重訳になる。この本は、五十ほどのさまざまなカテゴリーの人々に、ダライラマが与える助言というかたちで構成されている。

ダライラマは、「結語」において「今までのいくつかの助言は、抽象的で複雑な哲学的考察の産物ではありません。私が真心から思っていることで、自分の経験にもとづいたものです」と述べている。また別の箇所で、「私は母国をなくし、人生の大半を亡命して過ごしました。私の人民は拷問され、殺戮され、寺院は破壊され、文明は壊滅し、国土は荒廃し、資源は略奪されました。喜べることは何もありません。それでも私は他の民族、他の宗教、他の文化、他の科学と接触し、ずいぶん豊かになりました。私は自分が知らなかった自由の形態、世界観を発見しました」と述べている。そして、彼の助言の唯一の目的は、自分の経験を私たちと共有し、できるだけ実用的な方法で、私たちが幸福になる手助けをすることである。

一見すると、彼の助言は常識的であり、やさしすぎるかのような印象を与える。人によっては、もの足りなく思う人もいるであろう。しかし、それは表面上のことであって、彼の助言は、実に深い洞察と思慮にもとづいている。また、この一連の助言は、一見論理的な構築がないように見えるが、その基本には仏教の教理が横たわっている。それをまとめてみると、次のような大綱が浮かび上がってくる。

彼の大前提は、すべての生き物は本能的に幸福を求め、苦しみを嫌う、ということである。

苦しみに関しては、それを嫌ったところで、なかには避けられない苦しみがある。たとえば自然の摂理による生、病、老、死（仏教の四苦）がそうであり、それは逃れようとしても無駄である。私たちにできる唯一のことは、その恐怖を少なくすることである。もう一つ、自分が種を蒔いた苦しみからは逃れることができない。これは、仏教でいう「善因善果、悪因悪果」という因果の理である。

幸福に関しては、たんなる感性の満足ではなく、精神的要素がある。本質的なことは、内面的幸福である。内面的幸福は、物質的状況とか感性の満足に支配されず、その源は私たちの心にある。

不幸の根本的原因は、欲望、憎しみ、無知の心の三毒である。そのうち、一番の原因は欲望である。実際、充足させたと思っても、いっそう強くぶり返してくるのが欲望の本性である。この罠にかかる人は海水を飲む飢えた人に似ており、飲めば飲むほど、喉が渇く。

幸、不幸に関して、ダライラマは心の持ち方の重要さを指摘する。彼は言う。「私たちは自分の苦しみの多くを自分の手で作っています、もし見方を変えれば、苦しみはなくなるでしょう、状況がどうであっても、肯定的な見方をすることは可能です」。

ダライラマの助言の背後には、大きな寛容がある。彼は言う。「はっきりしていることが一つあります。自分に親切でなくては、他人にそうあることはできません。他人に愛情と優しさを感じ、彼らが幸福で苦しまないことを望むには、同じことをまず自分自身に願わねばなりません。こうして他人も同じ思いを持っていることがわかり、愛とか思いやりが可能になります。自分を憎むと、他人を愛せません」。

彼の助言は、教理的ではなく、人間の本性に対する深い洞察にもとづいている。チベットでの幼年期からの伝統的な宗教教育に加えて、一九五九年以来の四十年余の亡命という過酷な状況を生き抜いてきたことから生まれる、厳しいけれども温かいまなざしがある。そしてたぶん生まれつきのユーモアがいたるところに溢れており、つきつめれば悲しい人間存在というものを、やさしく温かく包み込み、我々を勇気づけてくれる。

彼の助言は、その一見して幼稚とも言える単純さにもかかわらず、深い叡智を含んでいる。たとえば、平和、軍縮に関して、世界の大国は、何と妙な会議を行なっていることだろう。お前の方が、いくつ軍備を減らしたら、俺の方もいくつ減らす、云々。しかしこれで、本当に平和が達成できるだろうか。それに比べて、ダライラマの提案は根源的である。「もし世界に平和を実現したかったら、まず私たち一人ひとりの中に、それを実現しましょう。世界平和は、心の平和からしか生まれません」。あまりにも的を射ているので、かえって難しいことなのだろうか。でも我々は、それを実現していかねばならない。

結語でダライラマは言っている。「この助言が単純すぎるように思えても、実践したならば、あなたはいっそう幸福になるかどうか、試みてください」。マチウ・リカールも言っている。「もし私たちが、彼の言葉の一部でも、私たちの考えや行為に本当に組み入れることができたら、自讃に値するであろう」。

あとは、読者一人ひとりの実践にかかっている。

今枝由郎

**著者**

**ダライラマ［14世］**

1935年生まれ。2歳のときダライラマ14世と認められる。中国のチベット侵略により、1959年に亡命、インド・ダラムサラに亡命政権を樹立する。1989年、国際的な活動によりノーベル平和賞受賞。

**訳者**

**今枝由郎**（いまえだ よしろう）

1947年生まれ。現在、フランス国立科学研究センター（CNRS）主任研究員。著書に『ブータン—変貌するヒマラヤの仏教王国—』、訳書に『囚われのチベットの少女』など。

幸福と平和への助言
二〇〇三年三月二〇日　初版第一刷発行
二〇一二年四月十五日　初版第五刷発行
著　者　ダライラマ
訳　者　今枝由郎
発行者　中嶋　廣
発行所　株式会社トランスビュー
東京都中央区日本橋浜町二－一〇－一
郵便番号　一〇三－〇〇〇七
電話　〇三（三六六四）七三三四
URL http://www.transview.co.jp
振替　〇〇一五〇－三－四一一二七
印刷・製本（株）シナノ
ISBN4-901510-12-6　C1036